南イタリア
イラストガイドブック

地中海の光に輝く　世界遺産の街をめぐる旅　改訂版

青木タミオ(Tamio Aoki)・中橋 恵(Megumi Nakahashi)　著
ツジイユキエ(Yukie Tsujii) ほか　画

JN094635

メイツ出版

はじめに

　南イタリアの魅力は、青い空に紺碧(ぺき)の地中海、多彩な文化と歴史、そしてフレッシュチーズやオリーブオイルなどの豊富な食材とその料理です。様々な文化の交差点であったこの地域では、自分達の考え方や生活スタイルをしっかり守りながら独自の世界をつくりあげてきました。家族や友人との結びつきを大事にし、弱者に親切な人達は、旅行者も家族のように迎え入れてくれるはずです。

　この本は、他にない個性的な都市が散りばめられた南イタリアの魅力を少しでも伝えたいと思って書きました。観光名所の訪問だけにとどまらず、南イタリアにどっぷりつかっていただく旅行のヒントになればと願っています。

Buon viaggio!
ブォン ヴィアッジョ
（良い旅を！）

さあ南イタリアへ出発！

※本書は 2016 年発行の『地中海の光に輝く　南イタリア
イラストガイドブック　世界遺産の街をめぐる旅』の改訂版です。

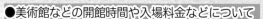

● 美術館などの開館時間や入場料金などについて

イタリアは「キウーゾ (chiuso= 閉まっている)の国」、「ショーペロ (ストライキ)の国」と言われるほど訪れた先がストなどの理由で閉まっていることが多い国です。最近では減りましたが、開館日の変更も多いので筆者も何度も出直しをさせられたことがあります。さらに開館時間は季節によって 4 通りぐらいあったり、入場料金もよく変ったりしますから注意が必要です。情報などは最新のものを掲載していますが、イタリアは短いサイクルで時間や料金、システムが変更になるので、この本であくまで参考として一応の予定を立て、各公式サイト、イタリア政府観光局または現地のツーリスト・インフォメーション **i** で情報の確認をとることをお奨めします。　（この本は 2019 年 12 月までの情報でインフォメーション欄等の情報を作成してありますが、全ての情報が同時点ではありませんのでご了解ください。）

インフォメーション欄の見かた

🏠	住所	**Web**	ウエブサイト
OPEN	開館時間	€⃝	入場料
CLOSED	休館日	📞	電話
🚋	鉄道	FS	イタリア国鉄
🚌	バス路線	Ⓜ	地下鉄
👣	徒歩	🚢	船

南イタリア観光情報サイト

イタリア政府観光局
http://visitaly.jp/
ナポリ＆カンパニア観光情報
https://www.visitnaples.eu/en
プーリア州観光情報
http://www.viaggiareinpuglia.it/
シチリア州観光情報
http://www.regione.sicilia.it/turismo/
　　web_turismo

Mappa del 南イタリアの地図 SUD ITALIA

イタリアは南北1300kmにわたって地中海に突き出た半島で長靴の形をしている。ヴァティカンを含めて57の世界遺産(文化52,自然5)があり,世界で最も世界遺産の多い国となっている。中でも南イタリアには,16(文化14,自然2)の世界遺産がある。

リグリア海
Mar Ligure

Ravenna
ラヴェンナ

フィレンツェ
Firenze

San Gimignano
サン・ジミニャーノ

Siena
シエナ

Assisi
アッシジ

Orvieto
オルヴィエート

コルシカ島
Corsica

Roma
ローマ

アドリア海
Mar Adriatico

カンパニア州
Campania

プーリア州
Puglia

カゼルタ
Caserta

ナポリ
Napoli

デル・モンテ城
Castel del Monte

アルベロベッロ
Alberobello

Procida
プロチダ島

Pompei
ポンペイ

Ostuni
オストゥーニ

Ischia
イスキア島

Amalfi
アマルフィ

Paestum
パエストゥム

Matera
マテーラ

Martina Franca
マルティーナ・フランカ

Capri
カプリ島

Sorrento
ソレント

バジリカタ州
Basilicata

ティレニア海
Mar Tirreno

カラブリア州
Calabria

イオニア海
Mar Ionio

サルデーニャ島
Sardegna

Palermo
パレルモ

Monte Etna
エトナ山

Taormina
タオルミーナ

シチリア州
Sicilia

※ 丸囲みは この本で紹介する場所。
● 赤丸は世界遺産

Piazza Armerina
ピアッツァ・アルメリーナ

Agrigento
アグリジェント

Caltagirone
カルタジローネ

Siracusa
シラクーサ

Tunis

地中海
Mar Mediterraneo

アフリカ

Malta
マルタ島

N

100km   200km

Il Menu 〜目次〜

Fermata（フェルマータ）とは、バスや電車の停留所のこと。ちょっと途中下車して、イタリアのミニ知識を見てみましょう！

ナポリ

 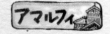
カンパーニア

アマルフィ

カプリ

気候

ローマと札幌がだいたい同緯度ですが、気温はローマと九州が同じ位で、イタリアの気候は全体的に日本と良く似ていると思って良いでしょう。南イタリアは夏は暑いですが降水量が少ないため、湿度は低く汗がベタベタすることはあまりありません。冬は比較的暖かいですが、寒い日もあるので調節できる服装が必要です。

水

ヨーロッパの水道水は一般的には飲めないと言われていますが、イタリアは通常飲むことができます。ただしおなかの弱い人は止めておいた方が無難でしょう。市販のミネラルウォーターには炭酸入りのアックアミネラーレ コン ガス（ガス入り）とセンツァ ガス（ガス無し）が有ります。ガス入りは最初なじめませんが、イタリアの料理に慣れてくるとガス入りが美味しくなってきます。

お金

通貨はユーロ（イタリア語ではエウロ）です。

1. 現金　日本円を現地で両替する場合は、自動両替機か両替店で行います。両替機はレートを画面で確認して簡単に使えます。両替店はごまかす店も多いのでレートや手数料を先によく確認し、出された額をチェックしましょう。
2. クレジットカード　イタリアの都市部には街のあちこちにカードのキャッシング機が有り、小額ずつこまめに引き出すことができます。一枚あると重宝します。
3. トラベラーズ・チェック　安全ですが、多少手間がかかります。現地通貨に両替すると二重に手数料がかかります。露店などでは使えないことがあります。

乗り物

名所をめぐるとき、地下鉄や市内バスを利用すれば時間と体力の節約になりますからぜひ利用したいものです。市内バスと地下鉄、路面電車の共通券で、滞在期間に合わせた切符を買うとその都度切符売り場で買わなくても良いのでとても便利です。

乗り物の乗り方は、

1. 地下鉄駅またはタバコなどを売る雑貨屋 (tabacchi) で乗車券 (biglietto) を買う。
2. 駅かバスの中で刻印機で日と時間を刻印する、またはボールペンで記入する (鉛筆不可)。刻印した時点から有効期限まで乗車可。乗車券なしや無刻印は高額な罰金を払わされるので注意！

ナポリやカンパーニア州、パレルモでは乗り物券と美術館入場券がセットになったカードが便利です。（セットカードの種類は下の欄参照）

バスでは一回券は時間制で有効時間内で有効時間内で乗降や乗換自由。車内アナウンスはなく、車内からバス停の名前も見えませんから、乗客や運転手に降りたい場所を先に告げて教えてもらいましょう。皆親切に「次だよ」「ここだ」と教えてくれます。混んだバスではスリが多いので要注意です。

地下鉄は一回券は時間制でなく1回改札を出たら使えないので注意。最近は車内アナウンスのある電車が増えましたが、無い場合もあるのでいくつ目の駅で降りるかしっかり確認をしておきましょう。やはりスリが多いので注意が必要。カバンを体の前に持ってきてしっかり手をかけておきましょう。

バスの中の刻印機

Biglietto　バスや地下鉄の乗車券（ビリエット）と美術館入場券がセットになったカード

ナポリ　ナポリアルテカード - 3日間パス€21- 最初の3カ所の施設へ入場でき、4カ所目からは最大50%まで入場料が割引。ナポリ市内の公共交通機関フリーパス付き。
http://www.campaniartecard.it/napoli/?lang=en

カンパーニア　カンパーニアアルテカード -3日間パス€32- 最初の2カ所の施設へ入場でき、3カ所目からは最大50%まで入場料が割引。カンパーニア州内の公共交通機関フリーパス付き。
http://www.campaniartecard.it/campania-3-giorni/

シチリア　パレルモツーリストカード - 市内バス乗り放題と35カ所以上の観光文化施設における割引。
http://www.pmocard.it/en

スリと泥棒に注意!

「アッテンチオーネ!」(注意しなさい!)と、通りすがりの親切なおばさんがカバンを指差しながら教えてくれるほど、世界中から観光客がやってくるイタリアには多くのスリや泥棒がいます。特に日本人観光客はふだんから無防備で、しかも現金を多く持ち歩くので「歩く現金輸送車」といわれ格好の標的です。せっかくの素晴らしく楽しい旅が、泥棒に遭うと嫌な思い出になってしまいますから、しっかり対策をとって安全に楽しく南イタリアの街を歩きましょう。

スリ

バスや地下鉄の中で、数人で囲むようにして周囲から見えなくする、空いているのに体をすり寄せてくる、大きな声や赤ちゃんなどで気をそらす、などの手口でカバンやポケットに手を入れる。特に込み合っている乗り物は注意!

対策
外のポケットやカバンに貴重品を入れない。財布などは内ポケットや腹巻きなどに入れる。カバンやリュックは開閉部にしっかり手を添え、体の前に持っておく。車内に背を向けない。周辺の人の動きを絶えず注意して見る。

置き引き

空港や駅、レストランなどでちょっと目を離した隙に旅行カバンや手提げカバンを盗っていく。

対策
カバンから目を離さない。椅子の背もたれなどにカバンをかけない。切符を買うときなどもカバンは体の前に置く。セルフサービスのレストランなどで席を確保するために椅子にカバンを置いて料理を取りに行くのは厳禁!

強盗(ひったくり)

道を歩いているとき、後ろからバイクや車で手提げカバンを無理やり盗っていく。カバンを離さないで引きずられ大けがをした人がいる。特に南の大きな都市では注意!タクシーや車に乗って信号待ちのとき、窓が開いているとバイクで寄ってきて手をつっこんでカバンを奪う。また、車の窓が閉まっていてもガラスをハンマーで割り、カバンを奪っていく。

対策
車道側の肩にカバンをかけない。人通りの少ない道は歩かない。カバンの中に重要なものは入れない。引きずられたら離す。車では外から見えるところにカバンを置かない。

強盗(睡眠薬)

列車や公園などで親しげに声をかけてきて、チョコレートや飲み物を勧める。中に睡眠薬が入っていて眠ったすきに財布を奪う。

対策
もらったものは絶対食べない。油断しない。

強盗(アイスクリーム)

後ろからアイスクリームやマヨネーズなどを服にかけ、汚れていると教えてくる。汚れに気をとられている隙にカバンなどを奪う。

対策
かけられて服が汚れていても立ち止まらない。あわてずカバンを離さない。

詐欺

街で日本語などで親しげに声をかけてきて写真を見せたりおごると言い店などに誘う。店に行くと法外な料金を請求される。

対策
絶対ついていかない。声をかけてくるのは泥棒かなにかと疑い油断しない。

古くから「ナポリを見て死ね」(Vedi Napoli e poi muori) と言われる
南イタリア最大の都市ナポリは、古代ギリシャ都市として始まり、長く歴
史上の重要都市として発展してきました。ナポリ湾の美しい景色や歴
史的・文化的見どころが多くあり、ことわざ通り一生に一度は見たい都
市です。1995年「ナポリ歴史地区」として世界遺産に登録されました。

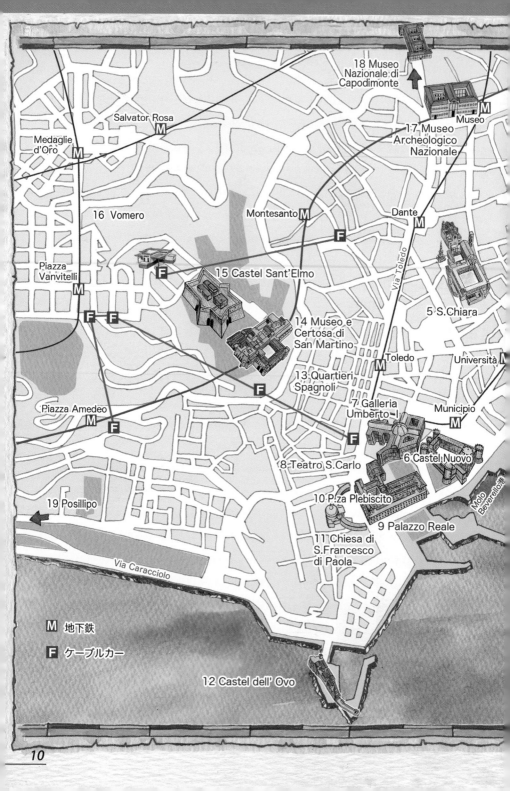

18 Museo Nazionale di Capodimonte

17 Museo Archeologico Nazionale

Museo M

Salvator Rosa M

Medaglie d'Oro M

16 Vomero

Montesanto M

Dante M

F

Piazza Vanvitelli M

15 Castel Sant'Elmo

F

5 S.Chiara

Via Toledo

F F

14 Museo e Certosa di San Martino

13 Quartieri Spagnoli

Toledo M

Università

7 Galleria Umberto I

Piazza Amedeo M

F

F

8 Teatro S.Carlo

Municipio M

6 Castel Nuovo

Molo Beverello 着

19 Posillipo

10 P.za Plebiscito

9 Palazzo Reale

11 Chiesa di S.Francesco di Paola

Via Caracciolo

M 地下鉄

F ケーブルカー

12 Castel dell' Ovo

M Piazza Cavour

Linea 2

3 Duomo

4 Spacca Napoli

Duomo
M
Linea 1

Piazza Garibaldi
M

1 Stazione Centrale

2 Stazione Circumvesuviana

Calata Porta Massa港

Nuova Calata Piliero港

カプリ・イスキア・プロチーダ行きフェリー

Stazione F.S. Marittima

シチリアへ

カプリ・イスキア・プロチーダへ

水中翼船ソレント アマルフィへ

1. ナポリ中央駅
2. 私鉄ヴェスヴィオ周遊鉄道駅
3. ドゥオモ
4. スパッカ・ナポリ
5. サンタ・キアーラ教会
6. ヌオーヴォ城
7. ウンベルト 1 世アーケード
8. サンカルロ劇場
9. 王宮
10. プレビシート 広場
11. サン・フランチェスコ ディ パオラ教会
12. 卵城
13. スペイン地区
14. 国立サン・マルティーノ博物館
15. サン・テルモ城
16. ヴォメロの丘
17. 国立ナポリ考古学博物館
18. 国立カポ ディ モンテ美術館
19. ポジッリポの丘

ナポリの地図
Mappa di Napoli

Napoli Panoramica
dalla collina di Posillipo

ポジッリポの丘から

サンテルモ城

サン マルティーノ修道院

ヴォメロの丘

ポジッリポの丘からナポリ湾を見渡すパノラマで有名な、サン・アントニオ教会前のテラスからの眺めです。昼間は観光客や地元の人、夜になるとナポリのカップルがロマンチックな夜景を求めてやってきます。左手に見えるヴォメロの丘には、サン・マルティーノ修道院と、16世紀にスペイン総督が建設した要塞のサン・テルモ城が見えます。公共建築物を目立つ場所に建てて、ナポリの都市としての力をアピールしていました。

ヴェスヴィオ山

卵城

🏠 Via Minucio Felice
　　（Chiesa di Sant'Antonio a Posillipo）
Ⓜ Linea2　Mergellina駅
　　Mergellina駅から　上り15分
🚌 R3　Mergellina
　　ケーブルカー（フニコラーレ）乗り換え
　　S.Antonio駅から　3分

古代ギリシア・ローマの時代からメインストリートとして賑わっている通りです。歴史的中心地区を南北2つに分けていることから、ナポリを割るという意味の「スパッカナポリ」と呼ばれています。

　約1.5kmのスパッカナポリには、ナポリを代表する教会、貴族の邸宅（パラッツォ）、大学などの建築・美術遺産が集中しています。道路に面した建物の一階部分には、職人工房や土産物屋（みやげ）、ナポリっ子たちが行列を作るPizzeria（ピッツェリア）、Gelateria（ジェラテリア）などの飲食店が入っており、昼間は大変賑やかです。狭い路上には、本やアクセサリーなどを売る露天も並び、特に週末にはストリートミュージシャンや操り人形などの路上アーティストが登場します。いろいろ眺めながら、走り去るスクーターを避けて歩かねばならないので集中力が必要ですが、ナポリらしい何でも詰まった面白い通りといえます。

ナポリの人たちが愛する
プルチネッラ（道化師）の
等身大人形

BUCCINO

狭いが店や人通りの多い
まっすぐな道 スパッカナポリ！
スリも多いので注意ッ！

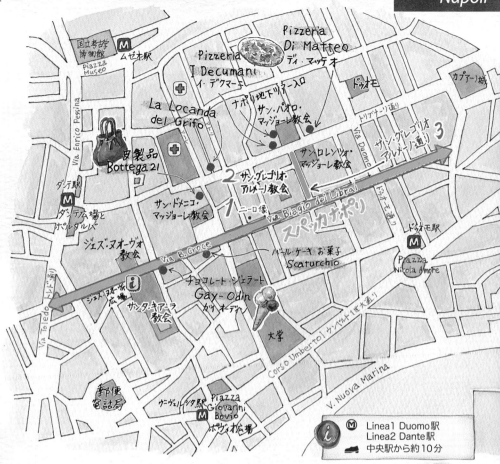

国立考古学博物館
Piazza Museo
ムゼオ駅
Via Enrico Pessina
Pizzeria I Decumani
イ・デクマーニ
Pizzeria Di Matteo
ディ・マッテオ
La Locanda del Grifo
皮製品 Bottega 21
ダンテ駅
ダンテ広場とポルタルバ
サン・ドメニコ・マッジョーレ教会
ジェズ・ヌオーヴォ教会
ナポリ地下リニーナ入口
サン・パオロ・マッジョーレ教会
ドゥオモ
カプアーノ城
Via Duomo
トリブナーリ通り
サン・ロレンツォ・マッジョーレ教会
サン・グレゴリオ・アルメーノ通り 3
2 サン・グレゴリオ・アルメーノ教会
1 ニーロ像
Via Biagio dei Librai
スパッカナポリ
Via B. Croce
パール ケーキ お菓子 Scaturchio
ドゥオモ駅
Piazza Nicola Amore
Via Toledo トレド通り
ジェスエ広場
サンタ・キアーラ教会
チョコレート・ジェラート Gay-Odin ガイ オーディン
大学
Corso Umberto I サンベルト1世大通り
V. Nuova Marina
郵便 電話局
ウニヴェルシタ駅
Piazza Giovanni Bovio
ボヴィオ広場

Linea1 Duomo駅
Linea2 Dante駅
中央駅から約10分

スパッカナポリと垂直に交差しているたくさんの路地を覗（のぞ）いてみると、道ばたで談笑するおばさん達や走り回る子供達、万国旗のように干される洗濯物など、ナポリの庶民的な生活空間を垣間（かいま）みることができます。ただし、スリも多いのでカバンや財布にはしっかり注意しておくことが必要です。人通りの少ない路地ではバイクなどによるひったくりが多いので避（さ）けるようにしましょう。

路地にはいつも洗たく物がたなびいている

1 ニーロ像

　およそ2000年前、地中海各地から様々な民族がネアポリスに移住してきました。エジプトのアレキサンドリアからやってきた民は、ナイル（伊語でニーロ）川の神の像を町に飾りました。この小さな広場は、「ナポリの化身」と呼ばれています。新天地に希望をもちながらも、望郷の思いを捨てることのなかった古代の人達の切なさを感じます。

ニーロ像の前では、常に観光客が写真撮影していて混雑

2 サン・グレゴリオ・アルメーノ修道院

　この修道院は迫害から逃れてきたコンスタンティノーポリの修道士達によってつくられました。アラブでみられるような、地中海的な雰囲気たっぷりの中庭になっています。隣の教会も見学可能です。写真撮影は控えめにしましょう。

🏠 Via S.Gregorio Armeno n.1
OPEN 月〜金 9:00〜12:00　💶 €3
土日祝 10:00〜13:00　📞 081-5520186

3 サン・グレゴリオ・アルメーノ通り

プレゼピオ(プレゼーペとも言う)と
いうキリスト誕生シーンを表現したクリ
スマスの装飾品をつくる職人工房がた
くさん並んでいます。欧州でもクリスマ
スマーケットの一つとして有名です。11
月末ぐらいから混雑しはじめ、12月はこ
の路地が満員電車のように身動きがと
れなくなります。人混みではスリ
に注意しましょう。

セット物のプレゼピオ

プレゼピオに並べる
ナポリの生活風景の
模型は
バラエティ豊か!

これは
チーズづくりの
様子

1個5～6ミリの野菜と
果物のミニチュア

プルチネッラ
Plucinella

ナポリの街角やお店で全身白
い服に黒い仮面を被った人形を
よく目にします。これはプルチ
ネッラと呼ばれる道化師のフィ
ギュアで、起源は17世紀につく
られた喜劇の登場人物にありま
す。貧しくても大声で陽気に振
舞うプルチネッラは、ナポリ人の
化身として昔から愛されています。

ナポリ大聖堂
Duomo di Napoli

ナポリの大聖堂は、初期キリスト教会があった聖なる場所に建設され、ゴシック様式の3つの扉も、アンジュー家時代のもの(1407年)を保存・修復したものです。

身廊(しんろう)内部には、ナポリの守護聖人ジェンナーロの秘宝※を納めた礼拝堂があり、その煌(きら)びやかさに圧倒されます。聖人の血液が溶けると言われる9月19日には聖ジェンナーロ祭が開かれ、ナポリに大きな災いが起きないようにたくさんの市民がお祈りにやってきます。

※ガラス容器に入れられた血液が年に2度溶けると言われ、血液が溶けない場合はナポリに災いが起きると言い伝えられている。

🏠 Via Duomo, 147
OPEN 月〜土　　8:30〜13:30
　　　　　　　14:30〜19:30
　　　日祝日　8:30〜13:30
　　　　　　　16:30〜19:30
♪ 081-449097
💶 聖堂 無料、洗礼堂 €2、宝物館 €6

サンドメニコ・マッジョーレ広場
P.zza S. Domenico Maggiore

広場は、サン・ドメニコ・マッジョーレ教会、赤いファサードのナポリ東洋大学、有名なカフェや本屋が入った建物に囲まれています。交通量が多く、絶えず賑やかな広場です。真ん中にそびえるオベリスクは、17世紀に町に流行したバロック彫刻のモニュメントの1つ。広場北西にあるバールの床には、ギリシア時代の西側の城壁跡が保管されており見学できます。古代から人の往来が多いところだったと、想像しながら歩いてみると面白いです。

広場の中心にあるオベリスクは、17世紀のバロック建築家として時の人だったコジモ・ファンサーゴ作

広場にはレストランやカフェ、バールが並び、朝から夜まで賑やか。

Basilica di S.ta Chiara
サンタ・キアラ 教会

ベンチの背もたれには
人々の 生活が
描かれている。

インマコラータの塔
Obelisco dell'
Immacolata

ベネデッド・クローチェ通り V. Benedetto Croce

教会入口

ジェズ・ヌオーヴォ 広場
Piazza del
Gesù Nuovo

サンタ・キアラ通り V. S. Chiara

教会

ローマ期
浴場跡

古い
プレゼピオ

中庭
入口

美術館

中庭

入口

ブックショップ

1700年代のプレゼピオ
（人形による キリストの生誕シーン）

Web monasterodisantachiara.it

Via Santa Chiara, 49/c

OPEN 教会　　　7:30～13:00
　　　　　　　　16:30～20:00
　　　修道院　月～土　9:30～17:30
　　　　　　　日祝日 10:00～14:30

€ 教会 無料　　修道院 €6

スパッカナポリを訪れたらぜひ寄りたいのがこの教会と付属修道院のマヨルカタイルで飾られた美しい中庭です。アンジュー家の新しい王が、1310年に王妃の希望を受け建設しました。

教会は1943年の砲火で2日間焼け続けたため、建物だけでなく、ロココ様式の装飾、中世のフレスコ画のほとんどを失ってしまいましたが、その後再建・修復されました。

教会の外へ出て、左側に進むとキアラ（クララ）女子修道院の中庭への入口があります。回廊には14世紀の柱とアーチが残り、中庭は18世紀に洗練された田園式庭園へと改修されました。庭園は、ナポリ近郊出身のマッサ家の兄弟によって描かれた見事な風景画のタイルで飾られています。海や丘で余暇を楽しむ人々や田園の風景は、当時のナポリの生活の豊かさを象徴しています。

王宮
Palazzo Reale di Napoli

FEDERICO II DI SVEVIA

Fermata

フェデリーコ2世
Federico Ⅱ

フェデリーコ2世
Federico Ⅱ（神聖ローマ皇帝フリードリヒ2世）はシチリア王の子として、幼少の頃からラテン語やアラビア語など多言語を習得し、科学や哲学を学びました。若くして神聖ローマ皇帝に即位し、ローマ法王の命令で十字軍の遠征に行ったものの戦争と略奪はせず、逆にイスラム王と手紙を交わすことでお互いに尊敬を深め、話し合いで聖地エルサレムの平和返還を成し遂げました。

科学を愛し神や力による解決ではなく法による政治を行い、法学と修辞学を学ぶナポリ大学を創設しました。またイスラム文化に敬意を持ち、イスラムから優れた数学や天文学を学び取り入れたカステル・デル・モンテなどの建築物を作るなど、13世紀の中世において稀な近代人で、のちのルネサンスに大きな影響を与えたと言えます。

この王宮は、支配者のブルボン家がナポリや近郊につくった４つの王宮の一つです。1598年スペイン王フェリペ３世がつくり、何度か改修されましたが、正面はほぼ当時のままです。王族の住居はカゼルタの王宮へ移転したことから、ナポリのこの王宮は公的な祝祭を行なう場となりました。豪奢な部屋の数々、劇場のようなダイナミックな大階段、ナポリ港を見渡せるテラス、王の庭などもナポリ王国の中心としての偉大さを感じさせます。

Web polomusealecampania.beniculturali.it/index.php/biglietti-orari-info-palreale
Piazza del Prebiscito, 1
OPEN 9:00〜20:00
CLOSED 水曜、1/1、イースター、5/1、12/25
€6

卵城近くのレモンジュース売り

Castel dell'Ovo
卵城

トゥーフィと呼ばれる火山岩の上に、12世紀に建設されました。卵城の名前は、詩人であり魔術師であるヴェルギリウスが、「城の土台に置かれた魔法の卵が壊れた時、ナポリに大災害が起きるだろう」と言ったことに由来しています。城内では美術展やイベントも不定期に行なわれ、前通りは、高級ホテル、見晴らしのよいオープンエアのレストランなどがたち並び、夜遅くまで賑やかです。

Web comune.napoli.it/casteldellovo
Via Aldorado, 3
OPEN 月〜土　9:00〜18:00
日祝日　9:00〜13:00
無料

スペイン地区
Quartieri Spagnoli

路地いっぱいにたなびく洗濯物。
ワールドカップの時期は国旗。

エレベーターがないため
バケツを下げて買い物を　頼み
品物とお金のやり取りを　する。

午前中は八百屋、魚屋、卵売り、サンドイッチ売りなどの
行商人の声が飛び交って賑やか。

16世紀に入って、当時ヨーロッパで強国であったスペインがナポリを支配し、自国軍の駐屯地としてつくったのがスペイン地区です。碁盤目状に高層の居住アパートが建設されています。

トレド通りからスペイン地区へ一歩入ると、ナポリのエネルギッシュな下町生活風景が広がり、まったく別世界のようです。特に午前中は、スクーター、行商人のスピーカー、大声で声を掛け合って買物をする人達でうるさいくらいです。

カメラや携帯電話は必要最小限に使用して、ひったくりの標的にならないように注意が必要です。

16世紀に、ヴィア・トレド沿いにあった町の城壁を取り壊して、広くて明るく、綺麗に舗装されたこの通りが完成しました。それ以来、ナポリの最も賑やかなメインストリートとして人気があります。この周辺一帯を開発したスペインのドン・ペドロ・デ・トレド総督の名字が、通りの名前の由来となっています。

19世紀にナポリに滞在していたスタンダールやアンデルセンも、この華やかな通りをよく散歩したと著書に書いているほどです。

ウンベルトⅠ世のガレリア
Galleria Umberto I

ナポリのガレリアは、1890年に竣工式が行なわれました。

ガレリアのあるこの街区やその周辺は、元々は入り込んだ路地に安酒場やスラム住居が密集していました。コレラが流行したことがきっかけで、地区開発が急遽行なわれ、パリのパサージュ（アーケード）からヒントを得てつくられました。

既存の建築構造を再利用しながらも、新しい建築材料であった鉄とガラスを導入して、これまでにない天井高、軽さや明るさが実現したのです。全体の装飾は、ネオルネッサンス様式でまとめられています。地下には、イタリアで初めてつくられたサローネ・マルゲリータと呼ばれるシャンソン・カフェがありました。

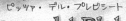

Piazza del Plebiscito
ピッツァ・デル・プレビシート

サン・フランチェスコディパオラ教会

王宮の正面にあるナポリで最も大きな広場で、建設当初から大きな祝祭に利用されてきました。教会と円柱の並ぶ回廊によって囲まれたシンメトリーな美しい広場です。60〜90年代半ばまで駐車場として利用されていましたが、ナポリで開催されたG7を機会に車を排除し、イベントや催し物を行なう広場へと復活しました。

Teatro S. Carlo
サンカルロ劇場

ブルボン家のカルロ3世が、ナポリを音楽の都にしようと3000人収容できる大劇場として建設しました。現役のオペラ劇場としては最も古い劇場です。

劇場開場は、1737年の11月4日の聖人カルロの祝日に合わせて行なわれ、それ以来、現役の歌劇場です。

内部は、5〜6人の小部屋に分けられた浅敷席が側面をぐるりと取り囲んでおり、豪華な装飾で埋め尽くされています。かつてない豪華な歌劇場をつくり、欧州の中心的な文化都市にしようと意気込んだナポリ王の期待と意気込みが感じられます。

オペラシーズン初日は、礼服に蝶ネクタイをした紳士、エレガントなドレスを着た女性達で会場が埋め尽くされ、ナポリの華やかな社交界を垣間みることができます。

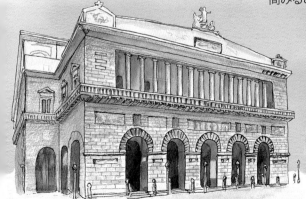

Museo di S.Martino
サン・マルティーノ美術館

14世紀に建設された回廊付きの中庭をもつ修道院は、その後改修され、ナポリ風のバロック装飾が施されました。

所有美術品は多岐に渡っていますが、その中でもアンティークのプレゼピオのコレクションが見事です。中世ぐらいから教会の中に飾られていたものが、18世紀になると貴族の邸宅を中心に流行し、現在でもナポリはプレゼピオの伝統が残っています。

その他には、ナポリを描いた絵画、都市図、ブルボン家の船や馬車などもあり、ナポリ王国の絶頂期の遺品の数々に驚かされます。

眼下には、7ヘクタール（約20000平方メートル）のぶどう畑が広がっており、ここで散歩をしたり、ワインづくりを行っていた修道士達の生活が偲（しの）ばれます。

Web polomusealecampania.beni
culturali.it/index.php/biglietti
-orari-info-sm

🏛 Largo S.Martino, 5

OPEN 8:30〜17:00

€6　CLOSED 水曜,12/25,1/1

Ⓜ Linea1、Vanvitelli 下車
ケーブルカー（フニコラーレ）
Centrale 線→Piazza Fuga

貴族の乗っていた馬車

「プレゼーペ・クチニエッロ」と呼ばれる大きなプレゼピオのセット

サンテルモ 城

Castel Sant'Elmo

中世に建設された星型の城は、高い位置から外敵を監視する目的でつくられたため、要塞としての役割も果たしました。屋上からはナポリを一望でき、現代アートの催し物やコンサートなどが不定期で開催されています。隣接するサン・マルティーノ修道院の前にある広場は、ナポリ市内を見下ろす絶景ポイントとなっており、絶えず観光客や市民で賑わっています。

上から見ると星の形をしている

Web polomusealecampania.beni
culturali.it/index.php/biglietti
-orari-info-santelmo

🏠 Via Tito Angelini, 22

OPEN 8:30〜19:30

💶 €6　**CLOSED** 火曜, 12/25, 1/1

Ⓜ サン・マルティーノ修道院と同じ

Museo Archeologico Nazionale di Napoli

ナポリ国立考古学博物館

この博物館は、ローマ時代の生活がそのまま火山の噴火によって埋まったポンペイ・エルコラーノ遺跡からの出土品と、ファルネーゼ・コレクションと言われるギリシャ・ローマ時代の素晴らしい彫刻群を展示し、イタリアを代表する博物館の一つと言えます。

第16室
ファルネーゼの
雄牛

ローマのカラカラ浴場で発掘された

エントランスの空間からまず1階 (Piano Terra〔ピアノテッラ〕) の展示室に向かうと、ローマのカラカラ浴場から発掘された迫力のある大彫刻「Toro Farnese (ファルネーゼの雄牛)」と「Ercole Farnese (ファルネーゼのヘラクレス)」があります。ファルネーゼの雄牛は一つの大理石から彫り出されたもので、アンティオペーの兄弟の母を苦しめたディルケーを雄牛で殺そう(ほ)としている場面が表現されています。発見時はバラバラでしたがミケランジェロによって修復されました。

第29室

寄りかかったポーズの巨大なヘラクレスは素晴らしい筋肉美で、後ろに回した手に黄金のリンゴを持っています。スネ部分は、最初ミケランジェロの弟子が作ったもので修復されていましたが、後にオリジナルが見つかり現在は付け替えられています。

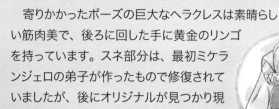

ファルネーゼの
ヘラクレス

3つのリンゴを
持っている。

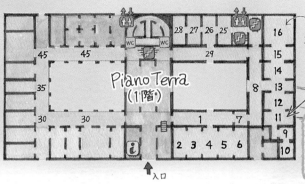

Piano Terra
（1階）

45　45
35
30　30

28 27 26 25
29
8
1　7
2 3 4 5 6

16
15
14
13
12
11
9
10

ファルネーゼの
雄牛

入口

Piano Terra（1階）展示室
Sculture farnese（ファルネーゼ家の彫刻）
… 1〜8, 11〜16, 25〜29
Sculture Greco-Romana della Campania Antica
（古代ギリシャローマ彫刻）… 30, 35, 45

「猛犬に注意！」のモザイク
ポンペイの悲劇詩人の
玄関から出土。

「闘鶏のモザイク」
机の上には賞金

「魚のモザイク」

「ガイコツのモザイク」
手に持つものは？

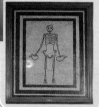

65 61 60 59 58
62 63 64 57
51 52 53 54 55 56

アレクサンダー
大王の戦い

Piano Ammezzato
（中2階）

Piano Ammezzato（中2階）展示室
Mosaici di Pompei（ポンペイのモザイク）
… 57〜61, 63〜64
Gabinetto Segreto（秘密の小部屋）… 62, 65
Collezione Numismatica（貨幣コレクション）… 51〜56

「鳥や動物のモザイク」

ポンペイの「ファウヌスの家」にあった数百万ピースからなる壮大なモザイク。

中央の階段を上って中2階 (Piano Ammezzato) の展示室にはポンペイから発掘されたモザイク画や貨幣などが陳列されています。

この博物館の中で最大の見どころの一つが「Battaglia di Alessandro Magno（アレクサンダー大王の戦い）」で、縦3.13m×横5.82mもの大画面に数ミリのサイコロ状に割った色大理石を百万個以上使用し、マケドニアのアレクサン

ダー大王が「イッソスの戦い」でペルシア軍を打ち破った場面が迫力ある表現で描かれています。さまざまな色の小さな石で、人や馬の表情もさることながら立体感まで表現されているのには驚かされます。この大画面のモザイク画はポンペイの大きな貴族の家 Casa del Fauno（ファウヌスの家）の床に描かれていました。現在ポンペイで見られるものは複製品です。

婦人の肖像のモザイク

同じくモザイクで描かれた「Ritratto Femminile（婦人の肖像）」は一般の女性が肖像として描かれており[1]、その耳飾りや真珠と思われる首飾り、薄衣の服などからおよそ2千年前の生活文化の高さをうかがうことができます。

他にも魚や動物など様々なものを描いた素晴らしいモザイク画がたくさんあります。

※1 一般の女性が肖像として描かれるのはその後1千数百年経ってから
　　（例）モナリザ

「女性の肖像」
手には
ペンと筆記板

2階（Primo Piano）にはポンペイとエルコラーノの建物の壁に描かれていたフレスコ画※2や金銀製品、金属の日用品などが展示されています。約2千年前の家を飾った美しい文様や風景画などが色鮮やかに残ってお

「夫婦の肖像」

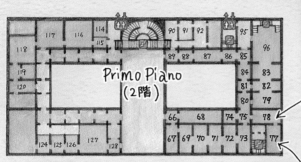

Primo Piano
（2階）

り、豊かなローマ人の生活を思い知ることができます。特に髪を結い薄衣をなびかせながら花を摘む女性の後ろ姿を描いた「Flora」は、美しく見逃せません。またパン屋の夫婦やペンを持つ若い女性は、一般人の肖像フレスコ画です。表情も素晴らしく、また一般女性が文字の読み書きができた証であるペンを持っているところなど、ぜひ見ておきましょう。

※2 漆喰の壁を塗った後、壁が乾かないうちに水と顔料（鉱物の粉など）で描く技法

「フローラ
Flora」

Web museoarcheologiconapoli.it/en/
🏠 Piazza Museo, 19
OPEN 9:00〜19:30
CLOSED 火曜、1/1、12/25
€18
Ⓜ linea 1, Museo
　linea 2, Piazza Cavour

Museo di Capodimonte カポディモンテ美術館

ソレント半島とカプリ島が望める

山の頂という名のカポディモンテ美術館はナポリの北の高台に位置し、ポジッリポの丘、サンマルティーノ美術館とともに美しいナポリの景色を眺めることができる名所で、庭や建物の窓からナポリ湾越しにソレント半島とカプリ島を見渡すことができます。

18世紀にナポリ王※だったカルロ7世の命によって美術品を収蔵するために建てられたこの宮殿には、15世紀から現代までの著名なイタリア絵画や外国作品が多く展示してあり、カポディモンテ焼きの陶器博物館も併設されています。また建造時のブルボン王家の居住部分も残されており、豪華で繊細な装飾のある家具や部屋なども見どころとなっています。

※後にスペイン王となるカルロス3世

Web museocapodimonte.beniculturali.it
🏠 via Miano, 2
OPEN 8:30〜19:30 （最終入館は1時間前まで）
CLOSED 水曜、1/1、12/25
€→ €14
🚌 Piazza Museo（国立考古学博物館横）から
168、178、C63、City Sightseeing BUS

パルミジャニーノ作
「若き女性の肖像（アンテア）」

ティツィアーノ作
「ダナエ」
「マグダラのマリア」

ブリューゲル作
「盲者の寓話」
「人間嫌い」

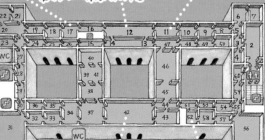

3階 カラヴァッジョ作
「キリストの笞打ち」

舞踏の間

磁器の間

入口

35

ピッツァ・マルゲリータ pizza margherita

ピッツァの定番。
シンプルだからこそ、
クオリティの高い
トマトとモッツァレラの
風味を堪能できる。

4〜6ユーロ
イタリアの国旗色
緑 白 赤

　世界中で愛され食べられるピッツァ (pizza) はナポリが発祥の地です。

　元々あったフォカッチャと呼ばれるパンの上に、南米から伝わったトマトペーストをのせて、ナポリの貧しい人々のために焼いたことがきっかけでした。

　当時のイタリア王妃、マルゲリータ・ディ・サヴォイアにピッツァを献上したところ、バジリコの緑、モッツァレッラの白、トマトの赤が、イタリア国旗のように見えたこのピッツァが特に喜ばれ、この王妃に敬意を示してピッツァ・マルゲリータと命名されました。ナポリでは今も最も多く注文されるピッツァです。

フォークとナイフが基本だが、
手で持って食べるのもあり。

・二つ折りにして食べる
・耳の部分は食べない
など、人によって
食べ方は様々。

ピッツァ・フリッタ pizza fritta　揚げピッツァの総称

カルツォーネ calzone
ナポリの典型的な
揚げピッツァ

パンツェロッタ
panzerotta
カルツォーネを
小さくしたサイズのもの

海藻入りゼッポレ Zeppole con le alghe

イタリアで唯一海藻を使った食べ物。
パン生地に海苔を入れて
揚げてある。

5〜6個で
1ユーロ

クロッケ
crocche

ナポリの人達の
スナック。
ポテト・コロッケ。

1〜1.5ユーロ

火山地帯で
栽培された風味農かな
ジャガイモの中に、モッツァレラチーズが入っている。

エスプレッソ・コーヒーのことで、ナポリのカッフェは世界一美味しいと言われています。バールでは手動圧力式の機械を使い、表面にクリームのような泡が浮かぶ濃厚なコーヒーを抽出します。戦時中の困難な時代には、カフェ・ソスペーゾといって、金銭的に余裕のない人達のために2杯分の代金を払うことで、社会的な繋がりを大事にした時期がありました。現在でも、コーヒーはナポリの人達のコミュニケーションには欠かせない要素となっています。ヘーゼルナッツクリームとエスプレッソをブレンドしたCaffè alla Nocciolaもおすすめ。

ナポリのドルチェ

ババはポーランド人が考案し、フランスを経由してナポリの定番ドルチェとなりました。ベースはフランスのサバランと同じで、スポンジのようにフワフワに発酵させて焼いた生地に、ラム酒、リモンチェッロなどのリキュールをたっぷりかけて食べます。

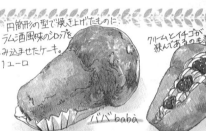

円筒形の型で焼き上げたものに、ラム酒風味のシロップをしみ込ませたケーキ。
1ユーロ

クリームとイチゴが挟んであるのも美味しい!

ババ babà

スフォリアテッラ sfogliatella
ナポリ地方の名物焼き菓子

"ひだを何枚も重ねた"という意味。
貝殻をかたどったパイ状の生地の中にリコッタチーズ、カスタードクリーム等を入れ、オーブンで焼き上げる。パリパリの硬い焼き上がりになり美味しい。

美味しそうなものが多過ぎて選ぶのに困る!

スフォリアテッラは、アマルフィ海岸の修道女が考案したのがはじまり。19世紀初頭にナポリの菓子職人によって、三角形の貝殻形のパイ生地で包んだものが登場し、こちらの方が定番となっています。

交通

信号無視、二重駐車、バイクの逆走、クラクションをしょっちゅう鳴らす、、、イタリアでも有名なのがナポリの交通マナーの悪さ。イタリア各地をまわる大型バスの運転手もナポリ市内の運転だけは非常に神経を使うようです。

そんなナポリに行って日本人が困るもののひとつが車の多い道の横断！

ナポリの人たちは車の流れの間をスイ

●は人　矢印方向に同時に動いている

スイと渡っていきますが、そのコツとは「渡るぞ〜」という顔をしてじっと車を見ながら歩き出すそぶりを見せることです。運転は乱暴ですが、渡ろうとする歩行者に対しては停まってくれるのがイタリアです。ただし、車が停まるのを見てから渡ること！　できない時は渡ろうとする現地の人と離れずいっしょに渡りましょう。車の間を狙って急に飛び出したり走ったりするのはとても危険です。

信号がある横断歩道で信号が青に変わっても車が停止するのを確認し、信号無視の車に注意して渡りましょう。

新年の花火

12月31日の大晦日は朝から街のどこかでドッカーンとまるで大砲を鳴らすような花火の音が響きます。

新年を迎える午前零時が近づいてくると、待ちきれない人たちが花火をあげ始め、いよいよ気分が盛り上がってきます。この夜はいつもは路駐で一杯の車がいつの間にやら姿を消して通りは

Salute shell ITALIAN 2500g

他のいろいろな花火 Fuochi

スッキリ※。
（※大晦日に窓から道に粗大ごみを捨てる風習が残っているためもある。一応法律では禁止されているがそこはナポリ、、、）

そして新年のカウントダウンと共に街中で一斉に花火が打ち上げられます。広場やら海沿いの道路、それぞれの家のベランダから、延々と1時間以上続き、ナポリの高台から見ると、サンタルチア港はもちろんのこと、遠くソレント半島の先まで次々と休む間もなく花火が打ち上げら

パスクワ
復活祭

復活祭の宗教行列は
「十字架の道」とよばれ、
街中の14カ所の祠を巡り
最後は教会へ戻る。

3月〜4月のパスクワ（復活祭）には、復活を象徴する卵の飾りがお店のショーウィンドーに登場します。

この時期に街を歩けば、宗教行列に出くわすこともあり、南イタリアの人達の信仰深さを感じる良い機会です。

れているのが見えます。ナポリ湾の真ん中で大型客船からこの花火の眺めを楽しむ人たちもいます。ただこの時間に路上にいることや窓から身を乗り出して見ることはとても危険ですから、安全を確認して眺める必要があります。花火の暴発で大けがをしたり命を落とす人も毎年いるくらいです。銃の発砲もあ

るので注意が必要です。

この後午前2時から卵城で大規模な打ち上げ花火が行われ、ナポリの新年は明けていくのです。

！手で持つのは
キケン

Cipolla
（玉ネギ）
45g

爆竹が
ついている

新年のカウントダウンと同時に
街がすべて花火で覆われる

カンパーニア
Campania

ナポリのあるカンパーニア州には、アマルフィ海岸やカプリ島などの風光明媚なリゾート地と、火山の噴火によって約2000年前のローマ人の生活がそのまま埋まった貴重なポンペイ遺跡、カゼルタの王宮やパエストゥム遺跡など多くの世界遺産があります。また水牛から作られるモッツァレッラチーズの本場として知られています。

6世紀前後に海岸の幾つかの谷に小さな集落がつくられ、背後に山があることから、陸路での移動は難しく、海上が主な交通網となりました。山から得られる豊富な木材によって造船業も盛んとなり、瞬く間に地中海貿易の拠点として発展し、中世海洋都市アマルフィ共和国となりました。世界で最初に海運法典をつくり、東方との交易によってもたらされた大きな富と文化で栄えましたが、次第にヴェネツィアやピサなどに海上交易を奪われ衰えていきました。

外部の影響をあまり受けることなく保存されてきた街並み、イスラーム様式を残す建築、美しいレモンやオレンジ畑の景観、そしてそこで繰り広げられる住民のスローライフと相まって、楽園のような居心地の良さを感じられる街といってよいでしょう。

1997年にこの海岸全体が世界文化遺産として登録されました。

アマルフィの塔

🚌	Sorrentoから	Sita社	約90分
	Salernoから	Sita社	約75分
⛴	Sorrentoから	Alilauro社	約50分
ⓘ	Capriから	Alicost,NLG社	約60分
	Salernoから	Travelmar社	約35分

海岸沿いの道からマリーナ門をくぐってすぐに辿り着くドゥオモ広場には、噴水、バールのテラス席が並び、地中海のリゾート地の雰囲気がいっぱいです。広場から見上げると、舞台のような大きな階段の上にドゥオモを中心とした宗教建築物群があります。

ドゥオモ (Cattedrale di Sant'Andrea Apostolo)
🏠 Piazza Duomo, Amalfi SA
☎ 089-871485
OPEN 3月～12月　　　8:00～19:30
　　　　　　　　（天国の回廊から入場）
　　　1月～2月　　　8:00～18:30
💶 3月～12月 €3　1月～2月　無料

ロマネスクとアラブの幻想が
融合している天国の回廊。

天国の回廊 (Chiostro di paradiso)
ドゥオモと共通　　1月～2月

アマルフィMAP

1. バスターミナル
2. 古代造船所跡
3. ドゥオモ広場
4. ドゥオモと天国の回廊
5. アラブ式浴場跡
6. 紙の博物館
7. パノラマスポット
8. お菓子屋 アンドレア・パンサ
　（レモンケーキで有名）
9. 7へのエレベーター (有料)

ポジターノ
カプリへ

サレルノへ

塔

　天国の回廊は地元
貴族の墓地として、
13世紀に誕生した
中庭です。異国情緒
あふれる美しい空間
は、安らかな天国を
思わせるようにつく
られています。
　9世紀の聖十字架
教会やドゥオモの隣
にある鐘楼（しょうろう）も、全て
がイスラムの影響を
受けた様式で建設さ
れていることから、地
中海の融合文化の結
晶といえます。

45

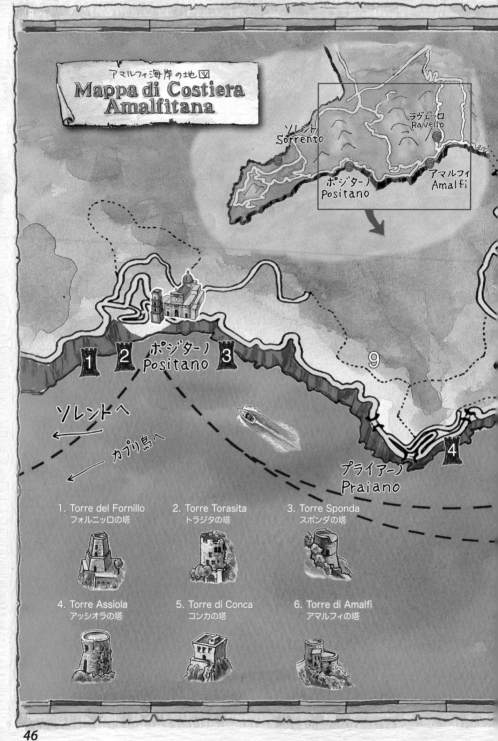

9. Sentiero degli Dei
神々の小道（絶景遊歩道）

ラヴェッロ
Ravello

サレルノ へ →

6

アマルフィ
Amalfi

7

5

8

コンカ デイ マリーニ
Conca dei Marini

7. Fiordo di Furore
フィオルド ディ フローレ

8. Grotta dello Smeraldo
エメラルドの洞窟

Positano
ポジターノ

急勾配の斜面に箱型の家が段々畑のように見えるポジターノは昔は船乗りの街でしたが、1960年代に入り、街の美しさが世界に知れ渡ると、漁師達が漁船や漁網の手入れをしていた浜辺は海水浴場へ、住宅の多くは宿泊施設へと変貌し、現在はアマルフィ海岸のなかでも逃すことができない保養地となっています。

町の名前は、ギリシア神話の海の神ポセイドンが起源といわれており、古代から海との関わりを大事にしてきたことが伺えます。

街の中心に青緑色のマヨルカ焼タイルのクーポラが見え、曲がりくねった坂道に沿って石灰で塗られた白い壁と緑豊かな庭やテラスが連なって、それを取り巻く断崖と地中海の青い海とのコントラストが美しく、時間があればゆっくり散歩したい街です。

マヨルカタイルの
クーポラが美しい。

サンタ マリア アッスンタ 教会
Chiesa di Santa Maria Assunta

見晴し台

ソレントへ

アマルフィへ

　高い位置にある国道から見下ろす風景も美しいですが、ソレントから船で訪れると海から見上げる街が格段に美しいのでおすすめです。

| | Sorrentoから | Sita社 | 約50分 |
| Sorrentoから | Alilauro社 | 約40分 |

Ravello
ラヴェッロ

美しくこじんまりとした街は、芸術家の避暑地としても愛されてきました。海抜300mの絶壁の上に位置しているため、街の様々なスポットからアマルフィ海岸の景色を楽しむことができます。音楽家ワーグナーがこの街に暮らし、散歩道として愛した小道があります。そのゆかりから現代建築家によるコンサートホールも街の外に建設され、音楽祭が開催されています。絶景を見ることができる庭で有名な二つの貴族の館は、見学だけでなく現在はホテルとして宿泊も可能です。

VIALE RICHARD WAGNER.

🚌 Amalfiからバス
Sita社　約25分

ⓘ

ワーグナーの愛した道はその名が付けられ、
毎夏には音楽祭が行われている。

Duomo
ドゥオモ

11世紀に建設された教会中央には、螺旋状円柱に支えられた説教壇があり、植物や鷲などをモチーフにしたモザイク画で装飾されています。別に朗読台もあり、ローマ時代のモザイク画をベースにしながら、イスラームの幾何学模様の影響を受けており、交流の歴史を感じさせます。

ワーグナーの道

ドゥオモ

サレルノへ

ルーフォロ荘

チンブローネ荘

アマルフィへ

無限のテラス

街のシンボルになった
ヨナを吐き出す鯨のモザイク

朗読台

ドゥオモ (Duomo di Ravello)
🏠 Piazza Duomo, Ravello SA
OPEN 9:00～12:00、17:30～19:00
♪ 089-857160
教会 無料　博物館(冬は休館) €3

岬の上の広大な敷地に
ヴィッラが建てられてい
ます。イギリス人銀行家
が所有した際には、イギ
リス式庭園が加えられま
した。岬の先には、夏期
にはバールがオープンし
ており、美しい庭で読書
などをしながら、ゆっくり
休憩することができます。

Web hotelvillacimbrone.com/
gardens/
Via Santa Chiara, 26
OPEN 9:00〜日の入りまで
€7

無限のテラス
（アマルフィ海岸の絶景がのぞめる）

52

ヴィッラ・ルーフォロ
Villa Rufolo

ドゥオモ広場に面したヴィッラ・ルーフォロは、当時商人として権力があったルーフォロ家によって建てられました。広い敷地内では、塔、教会、回廊付き中庭のある建物、2段のテラス式の庭園を見学できます。夏の期間には、この庭園で音楽祭が開催されます。海の風景をバックにとりいれたステージで、視覚的にも音楽を楽しめます。

夏の地中海を背景に
音楽祭がおこなわれる。

イスラム文様が美しい

Web villarufolo.com
Piazza Duomo, Ravello SA
OPEN 9:00〜日の入りまで
€7

カプリ島
Capri

青い海と空に険しい絶壁が突き出たこの島には、植物や花が咲き誇り、力強さと妖艶さをもつ島として、古代から人々を魅了してきました。

ローマ時代の皇帝ティベリウスは、この島から一歩も出ることなく書簡のみでローマを統治したとされているほどです。青の洞窟や岩の景観、透明な海のビーチだけでなく、ローマ時代の遺跡なども残っており、見どころがたくさんあります。お店やレストランが集中しているカプリとアナカプリの2つの地区では、お店を見ながらの散歩も楽しめます。

マリーナグランデ

青の洞窟船乗り場

ケーブルカー
フニコラーレ乗り場

チケット売り場

ナポリから高速船　　40分
　SNAV社　　NLG社
　Caremar社 フェリー 80分
ソレントから高速船　20分
　SNAV社　　Alilauro社

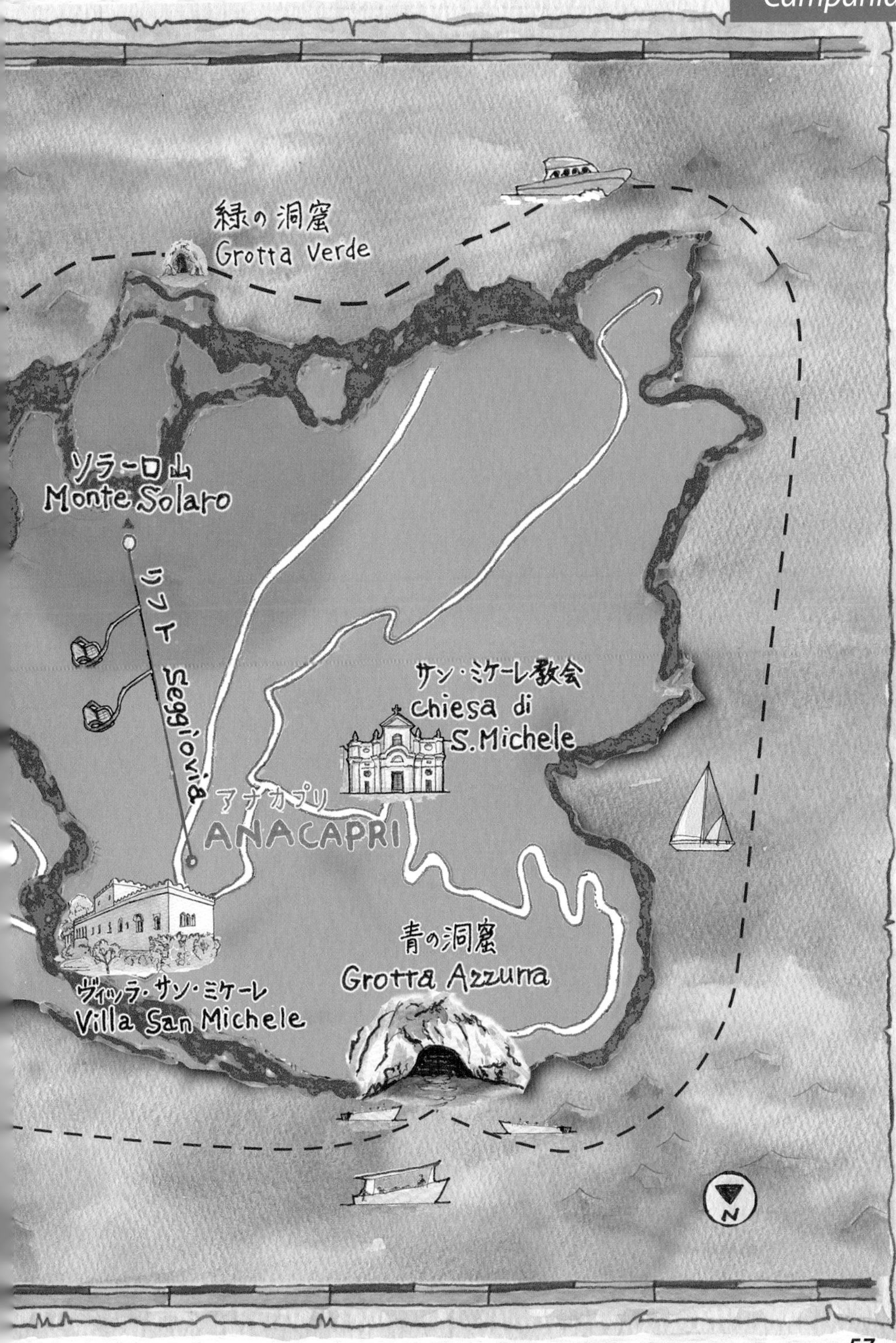

緑の洞窟
Grotta Verde

ソラーロ山
Monte Solaro

リフト
Seggiovia

サン・ミケーレ教会
chiesa di
S.Michele

アナカプリ
ANACAPRI

ヴィッラ・サン・ミケーレ
Villa San Michele

青の洞窟
Grotta Azzurra

青の洞窟
Grotta Azzurra

天井にも青い光が反射して美しい！

カプリ島で最も人気のある青の洞窟は、奥行き約75m、横幅約25m、海面からの高さが約10mの空間で、高さ1m程の小さな入口から小舟でアクセスします。この入口の海面下から太陽の光が差し込み、海水を下から照らすことで、海中が透きとおったコバルトブルーの色となり、壁や天井にも反射して幻想的な世界が広がっています。

入口の高さ
約1m

約10m

約75m

ローマ時代には、この洞窟は聖なる特別な場所として使われていました。ニンフ像やポセイドン像が洞窟の壁に飾られていたと謂われ、何体かが発掘されています。その後、この洞窟は、悪魔の棲む場所として島民から恐れられ、忘れ去られていました。

こんな風に
寝そべって入口を通る

入口前で混雑する舟の様子
ラッシュ時には1時間待つことも

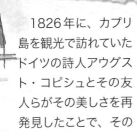

1826年に、カプリ島を観光で訪れていたドイツの詩人アウグスト・コピシュとその友人らがその美しさを再発見したことで、その存在を知られるようになり、現在では世界中から観光客がやってきます。

悪天候の日や、晴天でも風の強い日は洞窟見学ができないこともありますから、確実に見学したい場合は日にちに余裕をもたせることをおすすめします。冬は見学できる確率は低いようです。当日見学できるかどうかは船に乗ってカプリ島まで行かないとわかりませんが、ナポリやソレントのホテルでは確認して教えてくれる場合があります。

🚢 マリーナ・グランデから船
　　青の洞窟　往復　　€16
　　カプリ島一周　　　€18
🚌 アナカプリからバス　€2
💶 €16
　　船頭さんにチップ　€1～5

ヴィッラ・サン・ミケーレ

Villa San Michele

スフィンクスが
青い地中海をながめている。

　スウェーデン人の医師アクセル・ムントがローマ時代の別荘を改築して暮らし、
小説を書いたことで有名になりました。現在は美術館となっており、藤棚の通路や
古代彫刻が並ぶ廊下、海を眺めるスフィンクスのテラスからの眺めがおすすめです。

古代彫刻の通路と
植物の通路がある。

Web villasanmichele.eu
Viale Axel Munthe 34 ,Anacapri
OPEN 11月〜2月　　9:00〜15:30
　　　3月　　　　　　〜16:30
　　　4月,10月　　　　〜17:00
　　　5月〜9月　　　　〜18:00
€ €8

キエーザ・ディ・サン・ミケーレ
Chiesa di San Michele

クリスマスのころには大きなプレゼビオが飾られる。

マヨルカタイルの床絵が美しい。

まわりの板の上を歩く。

床の全面がマヨルカ焼のタイルで、アダムとイブの楽園追放の場面が描かれています。実在の動物や想像の動物がユーモラスに描かれていて、2階から床の全体を見下ろすことができます。

Web chiesa-san-michele.com
🏠 Piazza San Nicola,Anacapri
OPEN 4月〜9月　　9:00〜19:00
　　　10月、3月　10:00〜14:00
　　　（不定期に変更あり）
CLOSED 11月〜3月中旬
€ €2

Fermata

カプリ島にある世界で1番小さな香水製造所
カルトゥージア
CARTHUSIA

ジャコモ修道院院長が不思議な香りの水に気づいたのが始まりで、今も古文書から再現されたレシピによって手作りされる香水のお店です。カプリ島の香り高い果実やハーブ等の天然原料を用いていて、男性用はソラーロ山のローズマリー、女性用は野生のカーネーションがそれぞれのベースになっています。

小さなお店の前にはアンティークな銅の蒸留装置（じょうりゅう）が飾りとして置かれていて興味をそそられます。中に入れば香水の香りを試すことも出来、可愛らしいキャンディのような石鹸も有り、眺めるだけでも楽しくなります。

Pompei
ポンペイ

ナポリの南東にあった古代ローマ都市ポンペイは1万人以上が住み、裕福で栄えていましたが、紀元79年のヴェスヴィオ山の大噴火によって火山性ガスと火砕流で滅びました。5mも降り積もった火山灰で街が完全に埋まったため、2千年前のほぼ当時の姿のまま保存された世界で

も類を見ない遺跡となりました。18世紀に発掘が始まり、建物など人々の生活がローマ時代のまま発見され、1997年世界遺産に登録されました。

ポンペイでは他のローマ都市と同じように水道が整備され、街の中には流しっぱなしの水飲み場が何カ所もあります。裕福な家は料金を払って

建物の中まで水道管によって水を引きこみ水洗トイレもありました。

　出土品のほとんどはMuseo Archeologico Nazionale di Napoli（ナポリ国立考古学博物館）に収蔵展示されて、色彩豊かな壁画、優れた彫刻、貴金属、生活用具などをみると2千年前と思えないほどの高い生活水準が窺(うかが)えます。

Web pompeiisites.org/en/
OPEN 4〜10月9:00〜19:30
11〜3月9:00〜17:00
（土日は8:30〜）
最終入場は1時間30分前まで
CLOSED 1/1, 5/1, 12/25
€16
ヴェスビオ周遊鉄道　約40分
City Sightseeing BUS

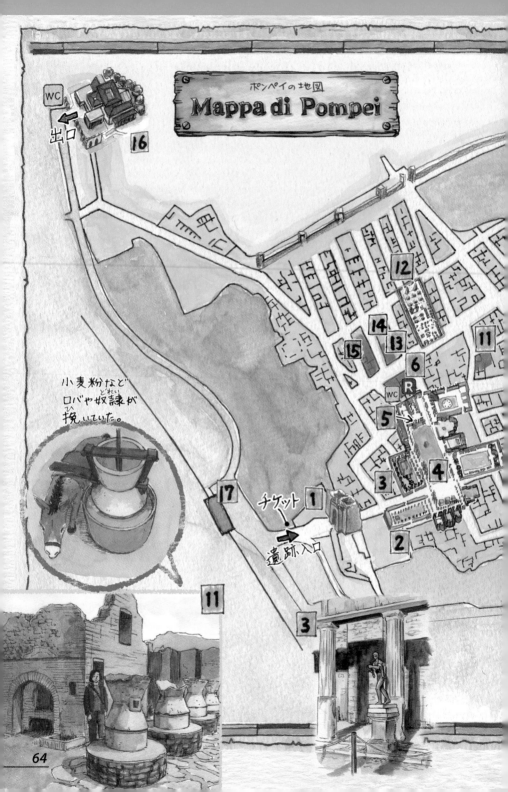

ポンペイの地図
Mappa di Pompei

WC
出口
16

小麦粉など
ロバや奴隷が
挽いていた。

12

14
15 13
11

6
WC R

5

3
4

17 チケット 1
遺跡入口

2

11

3

ワインなどが入ったアンフォラが
置かれていた。

玄関に猛犬注意のモザイク

アンフォラ

1. Porta Marina マリーナ門	7. Terme Stabiane スタビアーネ浴場	13. Thermopolium 飲食店
2. Basilica バジリカ	8. Teatro Grande/Teatro piccolo 大劇場/小劇場	14. **Casa del Poeta Tragico** 悲劇詩人の家
3. Tempio di Apollo アポロ神殿	9. Plestra Grande 体育訓練場	15. Casa di Pansa パンサの家
4. Foro フォロ	10. Anfiteatro 円形闘技場	16. Villa dei Misteri 秘儀荘
5. Tempio di Giove ジュピター神殿	11. Panificio パン屋	17. ポンペイ・スカーヴィ駅
6. Terme del Foro フォロの浴場	12. Casa del Fauno ファウヌスの家	

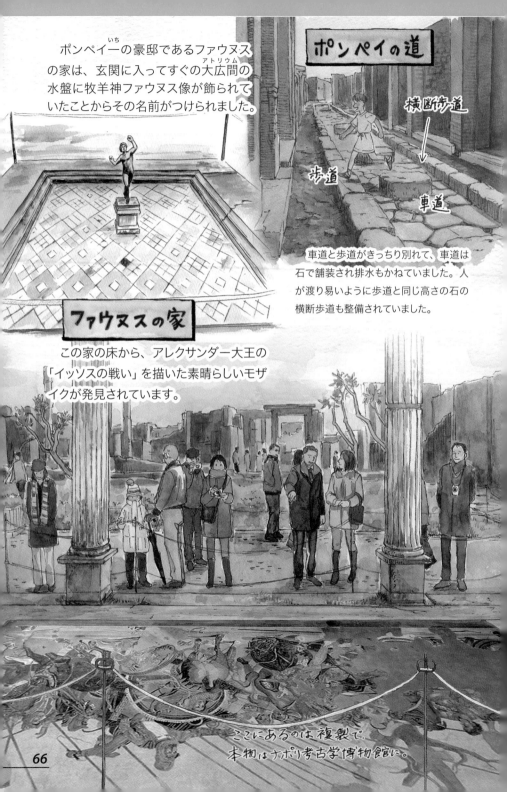

ポンペイーの豪邸であるファウヌスの家は、玄関に入ってすぐの大広間の水盤に牧羊神ファウヌス像が飾られていたことからその名前がつけられました。

ポンペイの道

横断歩道

歩道

車道

車道と歩道がきっちり別れて、車道は石で舗装され排水もかねていました。人が渡り易いように歩道と同じ高さの石の横断歩道も整備されていました。

ファウヌスの家

この家の床から、アレクサンダー大王の「イッソスの戦い」を描いた素晴らしいモザイクが発見されています。

ここにあるのは複製で、本物はナポリ考古学博物館に。

　噴火による毒ガスと火砕流（かさい）があっとい
う間に街に辿（たど）り着いたため、多くの人が
逃げ遅れ、そのまま埋まってしまいました。
長い時間が経って火山灰の中に人型の空
洞ができ、その空洞に石膏（せっこう）を流し込むこ
とによって、座った人や抱き合った親子な
ど、人々が死んだその姿のまま取り出され
ました。中には首輪をつけられた犬も型
取りされ展示されています。

手を握りあった夫婦
寄り添った夫婦
赤ん坊を抱き締めうずくまった夫婦
半身を起こした男性
　　　　　　　　などがあります

① 火砕流で人が死ぬ

② 時が経って空洞になる。(骨は残る。)

③ 発掘の時、空洞に石膏を流し込む。

④ 2000年前の埋まったままの形で取り出される。

ポンペイの城壁の外にある「秘儀荘」（Villa dei Misteri）は、郊外の裕福な農家の家に、「ディオニソスの秘密の儀式」の大壁画が描かれており、ポンペイ遺跡で見逃せません。

秘儀荘という名前の元になったその壁画は、若い花嫁にディオニソスの秘儀を手ほどきするものでした。

ディオニソスは酒と豊穣（ほうじょう）の神バッカスのことで、アリアドネとディオニソスの結婚や踊る巫女（みこ）、若い花嫁の身繕い（みづくろい）などが壁面に描かれています。

ポンペイ中心部から早足でも片道10分以上の道のりがありますから鑑賞の時間も含めて余裕が必要です。

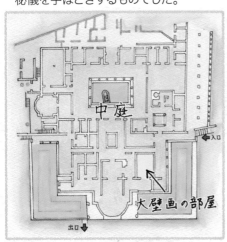

中庭

入口

大壁画の部屋

出口

踊るサテュロス

床モザイク

儀式を受ける女性　　神聖な食事　　清めの儀式を行う女性

教えを読む少年　　　　　　　　　ディオニソスの従者(シレノス)

サテュロスに 酒を　　　アリアドネとディオニソス　　　　儀式を受ける女性
飲ませるシレノス

厚さ6mの灰に埋まっていたため、およそ2000年の時間が経っていると思えないほど鮮やかな色彩が残り、背景の赤色はポンペイレッドという名前がついています。

一連の物語がまるで
絵巻物のように描かれている。

Sorrento

「帰れソレントへ」のカンツォーネで有名なソレントの街の起源は、ローマ時代にまで遡ることができます。ラテン語でスッレントゥムと呼ばれていたこの街には、南北と東西に垂直に交差したローマ時代からの道があります。

コッレアーレ・ディ・テッラノーヴァ博物館の背後にある見晴し台や、聖フランチェスコ教会前の庭からは、ナポリ湾の絶景を楽しめ、お土産物屋やレストランに立ち寄りながらゆっくりと散歩を楽しめる街です。

美しい景色を望めるテラスのある高級ホテルが多いため、イタリア人挙式カップルに人気があります。

岸壁からの眺めも美しいですが、アマルフィやカプリ島への船から眺められる絶壁に立つソレントの景色もおすすめです。

🚋 ナポリからヴェスビオ周遊鉄道　70分
🚤 ナポリから高速船　45分
　　Alilauro社　　NLG社
　　カプリから高速船　20分
　　Alilauro社　　SNAV社　　NLG社

「Amore、Cantare、Mangiare」

愛して、歌って、食べて…イタリア人の人生観を表す言葉として良く使われます。この「歌う」の名詞形がCANZONE。日本では主にナポリ地方の大衆歌曲を意味し、日本で歌われる「鬼のパンツ」はヴェスヴィオ山に登るケーブルカーの広告曲「フニクリフニクラ」がもとになっています。「オー ソレミオ」「サンタルチア」「帰れソレントへ」など、誰でも一度は聞いたことのある曲がいっぱいです。

ソレント半島 →

崖の上に広がるソレントの街並み

海辺の崖の上にはホテル

下はホテルのプライベートビーチ

ソレント MAP

ソレント駅　タッソ広場　コルソ・イタリア

旧市街

聖フランチェスコ教会

展望台　展望台

マリーナ・ピッコラ　マリーナ・グランデ

ナポリへ

カプリ島へ

ポジターノ アマルフィへ →

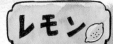

レモン

無農薬のレモンの皮を
すりおろしてたっぷりかけた
レモンのパスタ

　南イタリアでは、ぶどう栽培だけでな
く柑橘類、特にレモン※1の栽培も盛んに
行なわれています。

　10世紀頃にイスラム商人がシチリア島
やアマルフィ海岸へ伝えたとされる柑橘
類は、中世に多かったとされる壊血病※2

リモンチェッロ
Limon cello
レモンの皮を用いた
伝統的なリキュール。

サポーネ アル リモーネ
Sapone al limone
レモンの石けん

レモンの香りがする

を防ぐ効果が分かってから、一気にレモ
ン栽培が広まりました。アマルフィ共和
国の船上にもビタミン補給品として常に
積み込まれていたといわれています。

　またレモンは、中世には時代の最先端
であったイスラム圏の美しい植物のイ
メージとして、美術モチーフに多く描か
れてきました。現在でもタイルやマヨル
カ焼きの絵柄として人気です。

　アマルフィ海岸のレモンは、スフサー
ト・アマルフィターノと呼ばれ、大きめで
薄い黄色の実はとてもジューシーで、あ
まり酸っぱくないのが特徴です。リモン
チェッロと呼ばれるレモンの皮からつく
られるリキュールを初めとして、レモン味
のパスタ、ジェラートやケーキなどのお
菓子類にも使われています。ソレントや
アマルフィを訪れたら、生のレモンも含
めてぜひ味わいたいものです。

※1 イタリア語でリモーネ
※2 ビタミンCが欠乏して毛細血管が脆弱となり、
　　出血が起こりやすくなる病気。

地中海の南に面した急斜面に
レモンの段々畑が広がる。

カゼルタの王宮
Reggia di Caserta

18世紀の半（なか）ば当時のナポリ王※だったカルロ7世が、建築家ルイージ・ヴァンヴィテッリにパリのベルサイユ宮殿を理想として建てさせました。横幅248m、奥行190m、高さ41mで6階建ての途方もない大きさのこの宮殿は、1200もの部屋と4つの中庭、120ヘクタールの広さの庭園を持っています。

アーチ状の入り口の先にある素晴らしい色大理石と彫刻で装飾された「表敬の階段」をのぼり、2階のさらに豪華な玄関広間に向かいます。公開されている部分は一部ですが、豪華な装飾や調度品のある部屋を見て回ると当時のブルボン王朝の貴族の生活がしのばれます。一つ一つの部屋をゆっくり見て回ると多くの時間がかかるので、広い庭園を見る時間と帰りの時間を考えながら見る必要があります。

※ 後にスペイン王となるカルロス3世

前庭から入口までがまず遠い。

Vestibolo Superiore
玄関広間

Scalone d'Onore
表敬の階段

継ぎ目のない一枚板の
大理石の階段は117段。

映画「スター・ウォーズ」で
惑星ナブーの宮殿として撮
影に使われた。

神社のコマ犬のように
左右でお出迎え

Cappella Palatina
パラティーナ礼拝堂

Sala della Guardie del Corpo
衛兵の間

Stanza del Presepe
プレゼーペの部屋

1200体以上の人形で
つくられたプレゼピオ

Sala del Trono
王座の間

Stanza da Letto
寝室

Sala delle Stagioni
4つの季節の間

Sala da Bagno
浴室

75

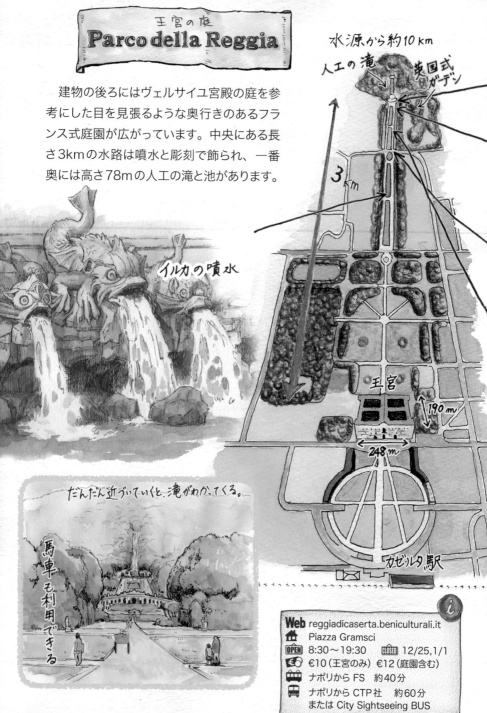

王宮の庭
Parco della Reggia

建物の後ろにはヴェルサイユ宮殿の庭を参考にした目を見張るような奥行きのあるフランス式庭園が広がっています。中央にある長さ3kmの水路は噴水と彫刻で飾られ、一番奥には高さ78mの人工の滝と池があります。

イルカの噴水

水源から約10km

人工の滝

英国式ガデン

3km

王宮

190m

248m

だんだん近づいていくと、滝がわかってくる。

馬車も利用できる

カゼルタ駅

Web reggiadicaserta.beniculturali.it
Piazza Gramsci
OPEN 8:30〜19:30　**CLOSED** 12/25,1/1
€10（王宮のみ）€12（庭園含む）
ナポリから FS　約40分
ナポリから CTP社　約60分
または City Sightseeing BUS

ディアナとアクタイオン
の噴水

月の女神ディアナの水浴を
偶然みたアクタイオンが
鹿に変えられ犬に
襲われるところ。

アフロディテとアドニスの噴水

滝の右側へ進むとオーストリア家のマ
リア・カロリーナ女王が造らせた
Giardino Inglese（英国式ガーデン）があり、自然な
森を感じさせる大きな木々と起伏のある
芝生地、廃墟（はいきょ）趣味の池などが組み合わさ
れて静かで落ち着いた庭になっています。

アイオロスの噴水

英国式
ガーデン

上から庭と宮殿の眺め、
宮殿がかすんでいる。

セレスの噴水

77

Paestum
パエストゥム

紀元前6世紀から古代ギリシャ人の植民都市として栄えたパエストゥムは、3つのギリシャ神殿が残る遺跡として知られ、1998年にユネスコ世界遺産に登録されました。ティレニア海の交易で富を蓄（たくわ）えたこの都市は、海の神を意味するポセイドニアという名でしたが、ローマ帝国末期にマラリアが蔓延（まんえん）したため住民が去り廃墟となりました。18世紀にブルボン王朝が道路を建設する際、偶然にこの遺跡が発見されました。

都市の中央部には公共建築や店が建ち並ぶフォロ（公共広場）がありました。フォロの近くにはローマ共和制末期に建設された劇場がありますが、後に建設された国道により分断されてしまっています。

ネプチューン神殿

パエストゥム遺跡
OPEN 8:30～19:30 （冬は日没後エリア制限あり）
CLOSED 12/25、1/1
€ 博物館共通（カンパーニアアルテカード利用可）
　　　12月～2月 €6　3月～11月 €12
🚆 ナポリまたはサレルノからFS Paestum駅
🚌 サレルノからSITA社、Busitalia社など

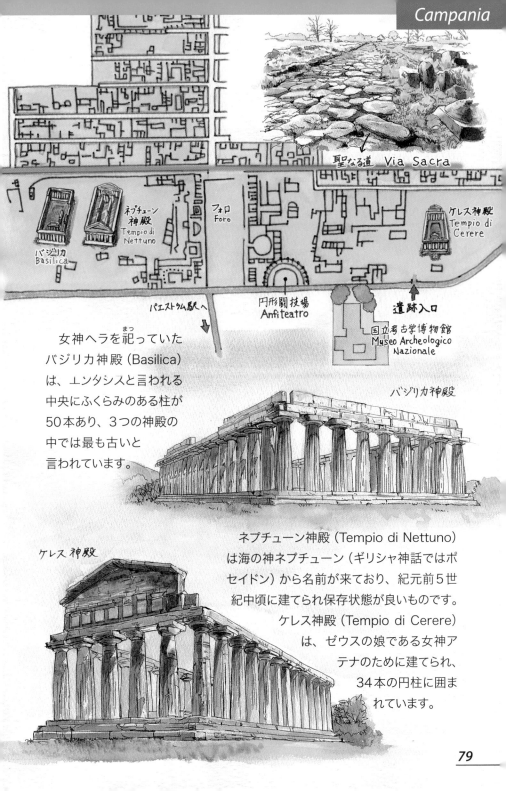

聖なる道 Via Sacra

ネプチューン
神殿
*Tempio di
Nettuno*

フォロ
Foro

ケレス神殿
*Tempio di
Cerere*

バジリカ
Basilica

パエストゥム駅へ

円形闘技場
Anfiteatro

遺跡入口

国立考古学博物館
*Museo Archeologico
Nazionale*

女神ヘラを祀っていた
バジリカ神殿 (Basilica)
は、エンタシスと言われる
中央にふくらみのある柱が
50本あり、3つの神殿の
中では最も古いと
言われています。

バジリカ神殿

ケレス 神殿

ネプチューン神殿 (Tempio di Nettuno)
は海の神ネプチューン (ギリシャ神話ではポ
セイドン) から名前が来ており、紀元前5世
紀中頃に建てられ保存状態が良いものです。
ケレス神殿 (Tempio di Cerere)
は、ゼウスの娘である女神ア
テナのために建てられ、
34本の円柱に囲ま
れています。

79

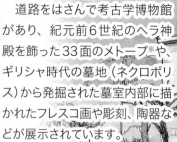

　道路をはさんで考古学博物館
があり、紀元前6世紀のヘラ神
殿を飾った33面のメトープ※や、
ギリシャ時代の墓地（ネクロポリ
ス）から発掘された墓室内部に描
かれたフレスコ画や彫刻、陶器な
どが展示されています。
　美しい人物やユーモラスな動
物、人面などのメトープの浮き彫
りが見どころのひとつです。

※メトープ…ドーリア式建築の柱と屋根の間
にある小支柱にはさまれた壁面

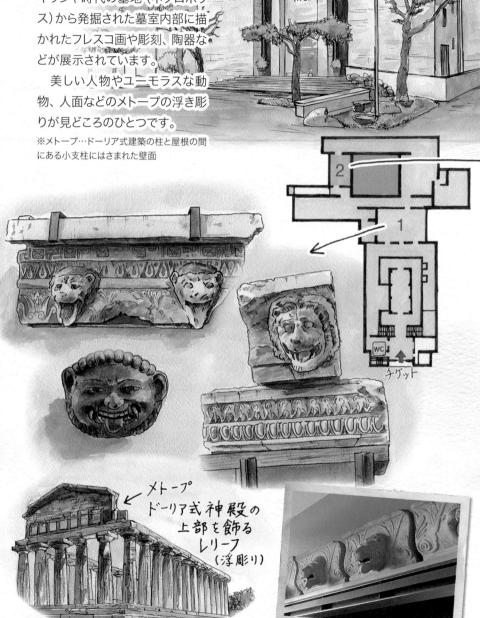

メトープ
ドーリア式神殿の
上部を飾る
レリーフ
（浮彫り）

墓の内側の壁にフレスコ※で描かれた Tuffatore（トゥッファトーレ）（飛び込み男）の絵は、岩からではなく飛び込み台のような物から飛び込んでいますが、スポーツなのか、死後の世界を表す宗教的な表現なのか良く分かっていません。紀元前5世紀のものでギリシャ様式の絵としては他に例を見ない貴重なものです。

パエストゥム考古学博物館
OPEN 8:30～19:30
CLOSED 月曜日、12/25、1/1
€ 神殿遺跡共通
　　12月～　2月　　€6
　　3月～11月　　€12
カンパーニアアルテカード利用可

※フレスコ…漆喰の壁を塗った後、壁が乾かないうちに水と顔料（鉱物の粉など）で描く技法。

イスキア島
Ischia

カステッロ　アラゴネーゼ
Castello Aragonese

小高い岩の島に、ギリシア人が要塞として建設し、15世紀にナポリのアラゴン家の王が修道院や牢獄として利用しました。

Web castelloaragoneseischia.com
Via Pontile Aragonese
OPEN 9:00〜日没（最終入場は1時間前まで）
€ €10

太古の火山の噴火で海中から出現した島で、中央にエポメオ山を持ち「緑の島」とも呼ばれています。イスキア港はクレーターを利用してつくられました。

　紀元前9世紀頃から、古代ギリシア人は本土以外にも理想の都市を築くため、地中海の沿岸に移り住み、一番始めにつくられた植民都市が、イスキア島のラッコアメーノにあるピテクサイでした。斜面にはぶどう畑が広がり、砂浜や岩場などの地形も変化に富んでいるため、ギリシアの小島に非常によく似ています。

　ローマ時代から利用されていた豊富で多様な温泉資源を生かして、1960年代からは長期滞在型観光施設や温泉療養施設が多くつくられ、欧州では夏の避暑地として人気の高い島となっています。

ナポリBeverello港から高速船
Alilauro社　SNAV社　約1時間
ナポリBeverello港からフェリー
Caremar社　Medmar社　約1時間30分

Chiesa del Soccorso
ソッコルソ教会

フォリオの岬の上に建てられた
教会で、元々は14世紀の修道
院の一部でしたが、改修
をかさねて現在の姿にな
りました。ギリシア風の
外観が、地中海の繋が
りを感じさせます。

Lacco Ameno
ラッコ　アメーノ

イスキア港

エポメオ山

Castello Aragonese
カステッロ　アラゴネーゼ

Sorgeto
ソルジェート

Terme di Cavascura
テルメ　ディ　カーヴァスクーラ

かわいい3輪タクシーがまだ走っている。

美容に良い
泥パックが人気

70～80度の熱い源泉
で、古代ローマ時代から利
用されている温泉。ローマ
人が掘った人工洞窟の浴室
があり、古代人になった気
分で温泉体験ができます。

天然の海岸温泉
Sorgeto
ソルジェート

プロチダ島
Procida

古い火山の4つのクレーターからできている島で、砂浜の砂は黒いことが特徴的です。ナポリの家族連れに愛される庶民的な夏の避暑地で、素朴な人々の暮らしを垣間見ることができます。

　一番のみどころはカラフルな建物が美しいコリチェッラ地区です。元々は、漁師達の船着き場であったところに、船を保管する倉庫ができ、その上に居住空間がつくられていったとされています。アーチや外階段をつけて重層化していき、類いまれな景観がつくられました。夕暮れ時などは、子供やお年寄りが散歩にでていて、生活の一部に入り込んだような気分が味わえます。

　映画「Il Postino(郵便配達人)」の舞台になったことで一躍有名になりました。

映画の撮影に使われた建物

ⓘ ナポリBeverello港から高速船
　　Caremar社　SNAV社　約50分
　ナポリBeverello港からフェリー
　　Caremar社　Medmar社　約1時間

港
Porto

テッラ・ムラータ地区
Terra Murata

コリチェッラ港
Marina
Corricella

キアイアの砂浜
Chiaia

チラッチョの砂浜
Ciraccio

キアイオレッラ港
Marina
Chiaiolella

橋

ヴィヴァーラの小島
isolotto
di Vivara

映画「Il Postino」の舞台になった入り江。

Cibo di Campania
カンパーニアの食べ物

カンパーニアの海辺の街では、どこでも新鮮な魚介料理が楽しめます。Cozze（ムール貝）やScoglio（エビやカニなど）がたっぷり入ったパスタやスープと、ヴェスヴィオの麓で造られる「ラクリマ・クリスティ」（キリストの涙）という白ワインがおすすめです。

コッツェ・グラティナータ
cozze gratinata
ムール貝のグラタン

リングイネ・アッロ・スコーリオ linguine allo scoglio
魚介のパスタ

イスキア島では山の斜面などの穴の中で、ウサギを半放し飼いにして養殖しています。トマトソースで煮込み、ソースはブッガティーニと呼ばれる太めのパスタで食べて、メインにウサギを食べます。

コニーリョ・アッリスキターナ
coniglio all'ischitana ウサギの肉料理

primo piatto
（パスタ料理）と
contorno（付け合わせ）
すべて込みで2人前50ユーロ

Limoncello
リモンチェッロ

リモンチェッロ（Limoncello）とは、南イタリアの伝統的なレモンを用いたリキュールで、リモンチーノ（Limoncino）とも呼ばれます。
　カプリ、ソレント、アマルフィのカンパーニア産が芳醇な香りで有名で、他にシチリア産もあります。甘くて口当たりは良いですが、アルコール度数は30%以上あり、冷蔵庫や冷凍庫（凍結はしない）でよく冷やして、食後酒として専用の小さなカップで、ストレートで飲みます。レモンの色と香りを生かしたお菓子作りにも用いられます。

作り方
　無農薬で安全なレモンの果皮の黄色い所だけ剥いてホワイトスピリッツ（無色透明な蒸留酒）に一週間程漬けた後、水とグラニュー糖で作ったシロップを加えて一ヶ月程置くと出来上がる。

Mozzarella
di Bufala
モッツァレッラ

モッツァレッラチーズは、現在は乳牛からも作られていますが、本来は水牛(bufala)のミルクから作られるものです。「引きちぎる」を意味する「mozzare」に由来するとされ、水牛のミルク独特の香りがあります。乳牛から作られるモッツァレッラ・ディ・ヴァッカよりくせの無い味わいです。今は水牛を飼育しているのはカゼルタやサレルノの限られた地域だけで希少です。

モッツァレッラと ボッコンチーノ(ひとくちサイズの意味)
(約8cm)　　　　　　(約3cm)

カプレーゼやピッツァ、肉料理に使うほか、蜂蜜をかけてデザートにもします。ボッコンチーノは小さめの一口サイズ、トレッチャは三編みの形、ブッラータは中に濃厚な生クリームのようなチーズを包んであります。

モッツァレッラは
二人で組んですばやくちぎっていく.

モッツァレッラチーズ

Caprese
カプレーゼ

バジリコ

トマト

エクストラバージンオイルをかけて食べる

Puglia & Basilicata

プーリアと
バジリカータ

プーリア州

バジリカータ州

イタリア半島の踵（かかと）にあたる地方で、ローマからのアッピア街道の終点であり、古代はギリシャと東方の玄関口として栄えました。アルベロベッロやマテーラなど魅力的な小都市がたくさんあり、平地が多いためオリーブ栽培が盛んで、そのオリーブオイルはイタリアの中でも最も香り高いと言われています。

Alberobello
アルベロベッロ

とんがり屋根の家が建ち並ぶおとぎ話の街のようなアルベロベッロは、南イタリアをまわるチャンスがあれば一度は訪れたいところです。石を積み上げた円錐形の屋根と漆喰の白い壁でできたこの地方独特の家はトゥルッロ（Trullo、複数Trulli）と呼ばれています。

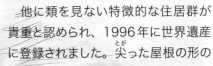

唐辛子入りの
ピッカンテ
Piccante (辛い)な
チョコレートもあるよ.

他に類を見ない特徴的な住居群が貴重と認められ、1996年に世界遺産に登録されました。尖った屋根の形の共通点から日本の世界遺産白川郷と姉妹都市となっています。

ローマやナポリなどの都市からは距離があり日帰りは難しいので、アルベロベッロかバーリなどに宿泊する必要があります。バーリからはスッド・エスト鉄道という私鉄を利用しますが、日曜日はまったく電車の運行がないので、本数の少ない代替バスの利用となりますから注意が必要です。

PINNACOLI E SIMBOLI DEI TRULLI

トゥルッリのてっぺん飾りとシンボル

商業の神 マーキュリー	天の神 ジュピター	農耕の神 クロノス
キリスト	十字架と木	マリアのハート
光輝く 十字架	太陽と 十字架	全てが神に 近づく

てっぺん飾り

シンボル

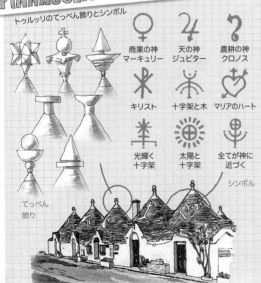

Fermata

キノコの様な円錐形の屋根を持つトゥルッリの不思議な形はどうして生まれたの？

昔、『漆喰で塗装された屋根のある家』にだけ課税されたので、ナポリ王国の徴税人が見回って来るときだけ屋根を解体し、『これは住居ではなく農作業小屋だ、とても住める物ではない』と説明するため、屋根の石を崩せるように積み上げただけの形にしたと言われています。

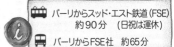

🚋 バーリからスッド・エスト鉄道 (FSE)
　　約90分　（日祝は運休）

🚌 バーリからFSE社　約65分

トゥルッリの連なる旧市街は、お土産屋などがある商店街のモンティ地区と一般住宅街のアイア・ピッコラ地区に分かれ、急げば2時間もあればまわることができますが、店によっては建物の中やテラスからとんが

り屋根を間近で見せてもらえますので、できれば買い物や食事をしながらゆっくりまわりたいものです。

中を見学できる

トゥルッロ・ソヴラーノ
Trullo Sovrano

スーパーマーケット

アルベロベッロ駅

ポポロ広場
P.za del Popolo

クリスマスには
人間プレゼピオが
おこなわれる.

おみやげ屋さんなどが
集まっている。

Rione Monti
リオーネ・モンティ地区

Largo Martellotta

Rione Aia Piccola
アイア・ピッコラ地区

サンタアントニオ教会
chiesa S.Antonio

トゥルッリの中
2階へは小さなハシゴで上がる。
ミニトマトが干してある。

トゥルッロ（トゥルッリの単数形）は「部屋一つ屋根一つ」の意味で、二階に寝室や物置があり、シンプルな木の梯子で昇り降りします。使わない時はひょいと横に掛けて片付けます。

石灰を石壁と屋根のてっぺんに、分厚く塗ってあることで強い日差しを反射し、夏でもひんやりと涼しく、内部に塗った白い漆喰が室内の明るさを保ち、外気を遮断するので冬も暖かく過ごせます。

幸せを呼ぶプーリアの笛（ふえ）

アルベロベッロでは昔から、手作りのテラコッタの笛を太陽の方角を向いて3回吹くと良いことが有ると言われています。また、送られた人に幸運をもたらし、友情と愛を呼び寄せるとも言われています。特に鶏（にわとり）の笛は求愛の時に使われていた特別な物です。

この木陽と月。顔が南イタリア。

ふき口→

Fermata

Cibo di Puglia
プーリア の 食べ物

たこはそのまま ゆでて
レモンで

生ウニのパスタは、海辺や
大きなレストランで遭遇できる。

プーリア州は、縦に細長く海に面していることから、豊富な魚介類を使った料理が中心となっています。イタリアでも珍しく、生魚やウニを食べることで知られています。また、平野部が多い特徴から、野菜、オリーブ、小麦などの農業、放牧が盛んです。

カチョカヴァッロは、「カチョ」はチーズ、「カヴァッロ」は馬の意味で、熟成させる時に袋に詰めたもの二つを紐で繋ぎ、横棒に振り分けてぶら下げた様子が、馬の鞍の左右に袋をぶら下げて運ぶのに似ていたためについた名前です。白く固くなめらかなチーズで、塩分控えめでクセがなく加熱すると溶けて伸びます。1〜1.5cmにスライスしたチーズをフライパンで外側がカリッとなるまで焼くのがお勧めです。

カチョカヴァッロ
(Caciocavallo)

形に
バリエーションが
ある。

Burrata
ブッラータ

フレッシュなモッツァレラで、バター（ブッロ）のような生クリームと千切りのモッツァレラを混ぜて中に包み込み、巾着状にしたもの。プーリア発祥の個性派チーズです。

そのままでも美味しいですが、みじん切りしたトマトと乾燥オレガノ、塩、胡椒、オリーヴオイルでいただくのがプーリア風です。

新鮮さが命で、地元では24時間以内に食べるべきで48時間が賞味期限と言われます。

とろ〜り

プーリアでは、耳たぶの形をしたオレキエッテというセモリナ粉のパスタが家庭で手作りされています。指先でひねって作られ、くぼみにソースがからむことで、より美味しくなります。ブロッコリーのソースであえたものが特に有名で、新鮮な野菜が出まわる春から夏にかけてが最も美味しい季節です。

手作りされたパスタがほされている

プーリアのOliva（オリーブ）

イタリアの食物庫とも言われるプーリアはアドリア海に面して気持ちの良い風の吹く温暖な時期が長く、オリーブオイルとトマトは国内ナンバー1の生産量を誇り、最高級のオリーブオイル、ワインなどでも有名です。特にオリーブオイルはイタリア全体量のほぼ半分をプーリアが生産しています。

濃厚で香り高くスパイシーな個性的オイルが多く、料理に少し掛けるだけでも美味しさがグンとひきたちます。温野菜や生野菜にもシンプルに塩、

胡椒とオリーブオイルをたっぷり、レモンかバルサミコ酢をちょっと足しても美味しいです。プーリア産の特徴は、色調が淡い黄緑で、香りにオリーブ果実そのものらしさがあります。

樹齢数百年のオリーブの木も多い。

オリーブの木の寿命は長く、平均300〜400年、推定樹齢1000年を超えると言われる大樹もあり、比較的乾燥に強く雨期の雨だけでも育ちます。風が通り抜けるように剪定を繰り返しながらとても大切に手入れされ、百年以上経った木がプーリアには多く有ります。一般に古い木のほうがまろやかで美味しいと言われています。

Castel del Monte
カステル・デル・モンテ

波打つように広がるオリーブや葡萄畑の間の道を進んで行くと、小高い丘の上に他のどこにもない形の堂々とした城が見えてきます。1240年頃、カステル・デル・モンテは神聖ローマ帝国の皇帝フェデリーコII世によって、「8」という数字にとことんこだわって建てられました。

淡い黄褐色の石材を用いて建てられたこの城は目的や用途がはっきりしておらず、ゴシック期の建築ではあるものの8角形の基本形に8角形の塔を八つ配し、部屋の形も装飾の葉の数も8というこだわりで造られています。城の真ん中にはがらんとした何もない8角形の中庭があり、その下には雨水を貯める貯水槽があります。

入り口
全てが八角形
中庭

　ローマ皇帝でありながらイスラムの文化に深い敬意を持っていたフェデリーコII世は、イスラムの進んだ数学から黄金比に深い関わりのある数字「8」を建築に徹底して取り込み、軍事的な設備も居城としての設備もないこの風変わりな城を標高540mの丘にぽつんと建てたのでした。

　そう大きくもないこの城を出て外周をまわると、眼下に広がるプーリアの景色が心地よく見えます。1996年にこの城単独でユネスコ世界遺産に登録され、2012年「死ぬまでに行きたい世界の名城25」に選ばれています。

八角形の中庭から見える空はまるで現代美術のよう。

Web casteldelmonte.beniculturali.it
🏠 Piazza Federico II di Svevia-700122 Bari
OPEN 　4月～9月　10:15～19:45
　　　　10月～3月　　9:00～18:30
　　＊チケットは閉館時間の30分前まで。
CLOSED 12/25、1/1　　💶　€10
🚋 バーリから私鉄ノルド・バレーゼ線（約1時間）、Andriaでバス乗換ASA社6番（約40分）
バスは3～11月のみ運行

Ostuni
オストゥーニ

🚋 バーリから FS 約30分

外階段やアーチが入り組んだ迷路のような白い街並みが特徴的です。街の最も高い所に建つ大聖堂の後期ゴシック様式とバラ窓の素朴な外観は、旅行者をホッとさせてくれます。

Martina Franca
マルティーナ・フランカ

🚋 バーリからスッド・エスト鉄道
約1時間40分（日祝はバス）

中世後期に計画的につくられた街で、24の小さな塔、城壁があります。プレビシート広場から、プリンチペ・ウンベルト通りにかけて、豪華なバロック装飾で飾られた教会やパラッツォが並び、一番の見どころです。

Fermata

南イタリアの素敵な田舎に泊まる。

アルベルゴ・ディフーゾ
Albergo Diffuso

観光国イタリアでは、ホテル、ペンション、貸しアパートに加え、アグリツーリズモ※1、アルベルゴ・ディフーゾなどといった新しいタイプの宿泊施設が登場しています。

近年注目されてきているのが「アルベルゴ・ディフーゾ」（「分散したホテル」の意）と呼ばれる点在する空き家を利用した全村参加の宿泊施設で、2019年の時点でイタリアに約百五十カ所オープンしており、大部分は中部イタリアから南イタリアに集中しています。

アルベルゴ・ディフーゾは、小さな町や村に存在することが多いため、電車またはバスでアクセスが可能なことが多く、町案内サービスを頼めば、町中の観光スポット、レストランやエノテカ※2を紹介してくれます。料理教室、絵画デッサンやピアノレッスン体験などを行っているところもあります。もっと自然を満喫したい人は、少し町の外へ出てオリーブや葡萄の収穫、トレッキング、サイクリングツアーなどを体験できます。小さな町だからこそ、サービスが

アルベルゴ・ディフーゾ協会のシンボルマーク。

協会マークのついた宿泊所は、アルベルゴ・ディフーゾの温かいサービスを保証しています。
http://www.alberghidiffusi.it

暖かく丁寧であるだけでなく、事業者同士の横のつながりも強いため、町全体に入り込んだような体験ができるという訳です。

ガイドブックには載っていないような南イタリアの小さな町や村に住んでいるような体験は、言葉が分からなくもきっと心に残る旅になるはずです。

※1 農家による宿泊施設のこと。自然を満喫しながら、自分たちのつくる農産物を使った料理を提供してくれるのが特徴。日本でもグリーンツーリズムという名前でとりいれられている。
※2 試飲のできるワインの販売所。

中世にタイムスリップしたかのような宿泊施設の中庭

小さな町の中に、レセプション宿、朝食所、レストランが分散している。

サッシと言われる洞窟住居が連なるマテーラは、100m以上の深さのある渓谷 (Gravina) の斜面の洞窟に約7000年前から人々が住み始め、さらに掘り出した岩を積み上げて住宅や教会を造り、長い時間をかけて現在の街の姿ができました。

15世紀から17世紀頃には交易により栄えましたが、その後衰退し、病気の蔓延など衛生面での問題から1954年に新市街へ住民の強制移住が行われため、一時街は無人の廃墟となりました。その後、この洞窟住居群の文化的価値に目覚めた人々が修復しながら住み始め、1993年ユネスコの世界遺産に登録されたことから、多くの観光客が訪れるようになりました。

洞窟住居群からなる旧市街は、13世紀に建てられたプーリア・ロマネスク様式の大聖堂(Duomo)がある「チヴィタ」地区、その南側の「サッソ・カヴェオーゾ」地区、北側の「サッソ・バリサーノ」の3つの地区に分かれています。

サンタマリアイドリス教会
Chiesa di S.Maria de Idris

ⓘ 🚃 バーリからアップロ・ルカーネ鉄道 (FAL)
　　約90分　　（日祝は運休）
　🚌 バーリからFAL社　約2時間

渓谷の反対側にあるティモーネの展望台からは、対岸のマテーラ市街の壮観なパノラマをみることができます。深い渓谷と数千年の時間をかけて作り上げられた洞窟住居からなる街の景観は世界に類をみない素晴らしさがあり、時間に余裕がある場合はぜひ訪れたいところです。

渓谷 Gravina の反対側からのパノラマが特に素晴らしい!

P

グラヴィーナ Gravina（渓谷）

街から約4km ティモーネの展望台

サッソの眺望通り

Strada Panoramica dei Sassi
ストラーダ パノラミカ ディ サッシ

Chiesa di Sant'Agostino
サンタゴスティーノ教会

チヴィタ
Civita

Duomo
ドゥオモ

サッソ・バリサーノ
Sasso Barisano

洞窟のホテル

Chiesa di San Pietro Caveoso
サン・ピエトロ・カヴェオーゾ教会

Casa Grotta di Vico Solitario
洞窟住居

Chiesa di Santa Maria de Idris
サンタ・マリア・デ・イドリス教会

Chiesa di San Giovanni Battista
サン・ジョヴァンニ・バッティスタ教会

マテーラは朝日に輝く景色と夜景がおすすめ。

サッソ・カヴェオーゾ
Sasso Caveoso

スーパーマーケット

S

洞くつ住居
CASA GROTTA

入 3ユーロ
休 年中無休
開 9:30～日没

洞窟を利用したホテルの部屋。天蓋は落ちてくる砂除け。

Hotel Sant'Angelo
★★★★
Piazza S. Pietro Caveoso, 75100
http://www.hotelsantangelosassi.it/
+39 0835 314010

湿気をさける高いベッド

壁に掘った棚

Fermata

人によるプレゼーペ Presepe Vivente

イタリアではクリスマス前から1月はじめまで、キリスト生誕の場面をミニチュア人形などで再現するPresepio（プレゼピオ）が教会や家庭などで飾られますが、マテーラではSassi（サッシ）（洞窟住居）の街並みを利用し人がキリスト生誕の物語を演じるPresepe Vivente（プレゼーペ ヴィヴェンテ）※が行われます。

キリストの生まれた当時の
人々の暮らしを再現している.

古い街並みを進むにつれ、馬に乗ったローマ兵や本物の羊を連れた羊飼い、鍛冶屋など当時そのままを再現した庶民の生活を見ることができます。やがて東方の三賢者が従者を連れて現れ、最後には輝く星の下に馬小屋があり、生まれたばかりのキリストと母マリアと父ヨゼフがいます。

年末から年明けの南イタリアではPresepe Viventeが街ごとに行われていて、クリスマスシーズンの楽しみの一つとなっています。

空には 輝く星.

生まれたばかりのキリストと
マリアとヨゼフ.

子供も
当時の服装で
参加している.

※南イタリアではPresepio（プレゼピオ）をPresepe（プレゼーペ）と言います。

シチリア
Sicilia

地中海に浮かぶ最大の島シチリアは、3つの岬をもつことから、古代ギリ
シア人が「トリナクリア」（3つの岬）と呼び、現在でも3本の足を持つ顔
がシンボルとなっています。歴史的に様々な国の支配を受けたことから、
古代ギリシア、アラブ・イスラム、ヨーロッパの融合が都市・建築・美術に
見られ、さらに料理や地名にも各時代の影響が残る多文化共存のお手
本のような島です。

シチリアの地図
Mappa di Sicilia

↑ナポリへ

15. Erice

1. Palermo

2. Monreale

14. Trapani

13. Segesta

16. Cefalù

3. Agrigento

1. パレルモ
2. モンレアーレ
3. アグリジェント
4. シラクーサ
5. タオルミーナ
6. ピアッツァアルメリーナ
7. カルタジローネ
8. ラグーザ
9. ノート
10. カターニア
11. エトナ山
12. エンナ
13. セジェスタ
14. トラーパニ
15. エリチェ
16. チェファル
17. メッシーナ

↑ナポリへ

17. Messina

5. Taormina

11. Etna

12. Enna

10. Catania

6. Piazza Armerina

7. Caltagirone

4. Siracusa

8. Ragusa

9. Noto

↓マルタ共和国へ

Palermo パレルモ

交差点 そのものが
バロックの美術館

Quattro Canti
クアットロ・カンティ (四つ辻)

噴水のまわりにある
彫刻がおもしろい。

パレルモの前身である「パノルモス」は、地中海対岸の民であるフェニキア人によってつくられました。街の隣には高さ609mのペレグリーノ山、広大な平野部にはオレート川が流れており、オレンジやレモンが太陽の光を受けて黄金に輝いていたこの平野は、コンカドーロ（金の盆地）と呼ばれるようになりました。

1140年にシチリア国王となったノルマン人のルッジェーロ2世の功績は大きく、西洋とイスラム文化を融合した類いまれな都市として成熟させました。教会や礼拝堂のモザイク画やイスラムの楽園をイメージした中庭などは、キリスト教徒であったノルマン人が、どれだけアラブ文化に魅せられていたかを十分すぎるほど感じることができます。

プレトーリア広場
P.za Pretoria

多数のルネッサンス彫刻がひしめいている。

16世紀にバロック様式の装飾が加えられたクアットロ・カンティと呼ばれる四つ辻は、祝祭やパレードの際に劇場のように使われていたといいます。

この横にあるプレトリア邸の前の広場も同時期にバロック様式に整備され、フィレンツェ出身の彫刻家カミッロ・カミッリアーニによるプレトリアの噴水が美しいです。

アラブ人がつくった城壁を再利用し、ノルマン人が12世紀に大きな王宮へとつくりかえました。大部分が16世紀に改築され、パラティーナ礼拝堂やルッジェーロの間は、金色をベースにして植物や動物を表現したモザイク画で埋め尽くされています。

ノルマン王宮
Palazzo dei Normanni

Web federicosecondo.org
Piazza Indipendenza

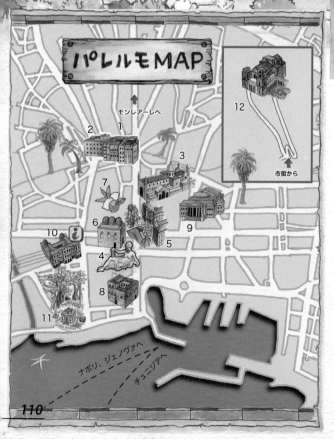

パレルモMAP

モンレアーレヘ

12

市街から

ナポリ、ジェノヴァヘ

チュニジアヘ

1. Palazzo dei Normanni
   ノルマン王宮
2. Cappella Palatina
   パラティーナ礼拝堂
3. Cattedrale
   カテドラーレ（大聖堂）
4. P.za Pretoria
   プレトーリア広場
5. Quattro Canti
   クアットロ・カンティ（四つ辻）
6. Chiesa di San Cataldo
   サン カタルド教会
7. Mercato Ballarò
   バッラロ市場
8. Chiaramonte
   キアラモンテ宮殿
9. Teatro Massimo
   マッシモ劇場
10. Staz.Centrale F.S
    パレルモ中央駅
11. Orto Botanico
    植物園
12. Monreale
    モンレアーレ

カテドラーレ（大聖堂）
Cattedrale

聖堂内部の１本の柱には、アラブ・イスラム時代にモスクとして使用されていた頃のコーランの一節が彫られており、パレルモが異なる文化を引き継ぎながら複合させてきた歴史を象徴しています。屋上からは、14〜15世紀にかけてつくられた建築装飾を間近に見ることができます。

Web cattedrale.palermo.it
Corso V. Emanuele

ヨーロッパで３番目に大きな劇場です。1875年に建設が始まりました。映画「ゴッドファーザー Part3」にも登場する有名な劇場の階段前では、記念撮影をする人が絶えません。

マッシモ劇場
Teatro Massimo

Web teatromassimo.it
Piazza Verdi

111

Chiesa di S. Cataldo

サン カタルド 教会

赤い丸屋根が
かわいい。

3つの赤いクーポラが目を引くこの教会は、12世紀にアラブ・ノルマン様式でプライベートな礼拝堂として建設されました。壁面には装飾がないため簡素ですが、小さなアーチがいくつも重なったモコモコとした内部空間と、赤とグリーンをベースにしたモザイクの床がオリジナルのまま残っています。

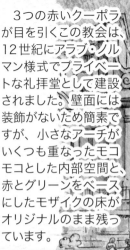

Web arabonormanna
unesco.it/il-sito/
monumenti/
Piazza Bellini

劇場のポスター

L'Opera dei Pupi di Palermo

Pupi
あやつり人形 プーピ

シチリアの街を歩いていると、土産物屋の壁に中世の騎士等の操り人形がぶら下げられているのをよく見かけます。ユネスコの世界無形文化遺産「Pupi」です。

一体が約60〜100cmの大きな操り人形で、色鮮やかな衣装や金属製の盾や鎧をつけています。王様と騎士と姫、サラセン人、怪物などが入り乱れて乱闘するチャンバラ劇を、人々が集まって紙芝居の様に楽しむものです。背景にいろいろな場面の絵が描かれた舞台の上で、人形の頭が飛んだり体が真っ二つに割れるなど迫力満点に演じられ、言葉が分からなくても楽しめます。伴奏はピアニーノと呼ばれる手回しオルガンで昔ながらの音色です。

人形のみやげもの

伝統職人の手による手作りのプーピたちの博物館もあり、実際の人形劇はパレルモのプーピ劇場で見ることができます。

壮麗なモザイクと
回廊のある中庭が美しい。

モンレアーレ
Monreale

中心部から7kmほど内陸へ向かい、緩
やかな尾根を登った山の上にあります。

　1174年にノルマン王のグリエルモ2世
が、この修道院を建設したのは、パレルモ
郊外に住むイスラム教徒を改宗させるため
だったといわれています。大聖堂内部は、
聖書の様々なシーンを表現したモザイクで
埋め尽くされています。ドゥオモ後陣の展
望台からは、コンカドーロ（金の盆地）とパ
レルモ市内を見渡すことができます。

ドゥオモ・ディ・モンレアーレ (Duomo di Monreale)
Web www.monrealeduomo.it
🏠 Piazza Guglielmo II, Monreale, Palermo
OPEN 8:30〜12:30、14:30〜16:45（月〜土）
　　　8:30〜09:30、14:30〜17:00（日祝日）
　　　11月から3月は16:30まで
💶 大聖堂は無料　　テラス（展望台）€2.5
🚌 Piazza Indipendenza から
　　　　Astバスまたは389番

細密画のような象嵌細工や
アラベスク模様の円柱が並ぶ回廊

Agrigento アグリジェント

古代ギリシャの大詩人ピンダロスが「人類が建てた都市で最も美しいもの」と歌ったアグリジェントには、10のギリシャ神殿があったとされています。「神殿の谷」と言われる海岸にほど近い丘の上には、紀元前5世紀頃の壮大な遺構が残っています。

市街から「神殿の谷」へ降りる道を挟んで西側の丘には、20mに及ぶ高さの柱から有数の巨大神殿だったことが窺える Tempio di Giove（ユピテルの神殿）の跡があり、柱と柱の間にたくさん立っていた7.5mを超える男性像のひとつが倒れて残り、巨人像と呼ばれています。

東の丘には壮大なドーリア式の Tempio della Concordia（コンコルディアの神殿）があり、キリスト教の教会に改修されて使われたため破壊を逃れ、現在シチリアで最も保存状態の良い神殿となっています。

コンコルディア神殿

遠くにアグリジェントの街並み。

ジガンテ

海を背にして立てば、古代の遺跡の向こうの高台に近代的な市街が見渡せ、長い時の流れの対比を感じ取ることができます。丘の麓にはアーモンド畑が点在し、アーモンドの白やピンクの花が一面に咲く2月の上旬にはアーモンド祭りが開かれます。

アグリジェント・バッサ駅

ドゥオモ
Duomo

アグリジェント中央駅

ヘレニズム期・ローマ期地区
Quartiere Ellenistico
Romano

州立考古学博物館
サン・ニコラ教会

ディオスクロイ神殿
Tempio dei Dioscuri

テラモーネ
Telamone

ジガンテ

神殿の谷
Valle dei Templi

ヘラクレス神殿
Tempio di Ercole

コンコルディア神殿
Tempio della Concordia

ジュノー・ラチニア神殿
Tempio di Giunone Lacinia

パレルモからFS線　約2時間
CUFFARO社　約2時間

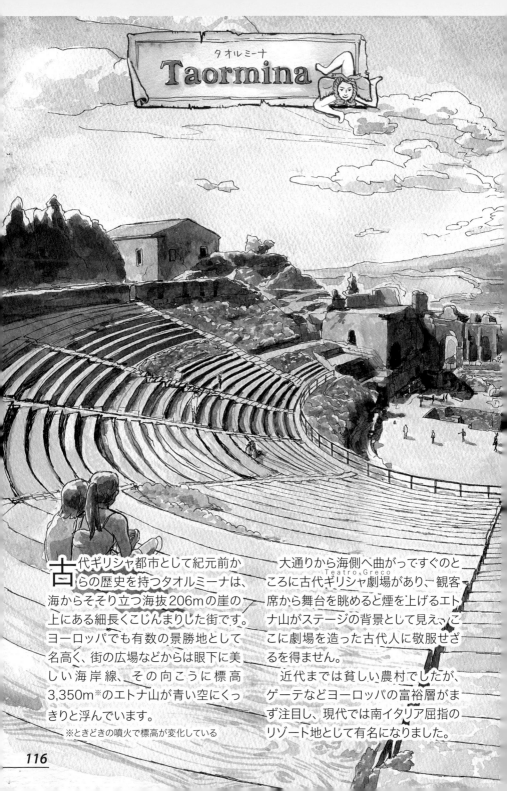

Taormina

タオルミーナ

古代ギリシャ都市として紀元前からの歴史を持つタオルミーナは、海からそそり立つ海抜206mの崖の上にある細長くこじんまりした街です。ヨーロッパでも有数の景勝地として名高く、街の広場などからは眼下に美しい海岸線、その向こうに標高3,350m※のエトナ山が青い空にくっきりと浮んでいます。

※ときどきの噴火で標高が変化している

大通りから海側へ曲がってすぐのところに古代ギリシャ劇場があり、観客席から舞台を眺めると煙を上げるエトナ山がステージの背景として見え、ここに劇場を造った古代人に敬服せざるを得ません。

近代までは貧しい農村でしたが、ゲーテなどヨーロッパの富裕層がまず注目し、現代では南イタリア屈指のリゾート地として有名になりました。

Teatro Greco

エトナ山は今なお煙たなびく火山で、富士山のように長い裾野をひいています。この山の周りは火山灰と豊かな地下水のおかげで、オリーブやぶどうがたわわに実り、美味しいワインが作られています。2013年に「地球の歴史上の主要な段階を示す顕著な見本」として世界自然遺産に登録されました。

美しい島という意味のイゾラ・ベッ
ラがある小さな湾は、近くのホテルと
ともに映画『グラン・ブルー』の撮影地
として知られています。観光ボートで
青の洞窟などの海巡りもできます。

青の洞くつ

イゾラベッラ

タオルミーナMAP

メッシーナ門

メッシーナへ

ロープウェイ

ドゥオモ

ウンベルト通り

カターニア門

ギリシャ劇場
Teatro Greco

ガーデン

展望台

青の洞窟

タオルミーナ駅

イゾラ・ベッラ
Isola Bella

カターニアへ

ホテル
カポ タオルミーナ

カターニアから FS 50分
カターニアから Ilnterbus社 70分

118

街の入り口のメッシーナ門から街の終わり
<small>Porta Messina</small>
カターニア門まで800mのウンベルト通りは歩
<small>Porta Catania</small> <small>Il Corso Umberto</small>
行者天国になっており、おしゃれな店が並んで
観光客でいっぱいです。清潔で治安もよく安心
して散策することができます。通りから枝分か
れした数々の脇道や階段が有り、美味しいレス
トランが隠れています。

　タオルミーナの大聖堂前の広場にある噴水
は、街のシンボル「女ケンタウ
ルス像」が施されたバロッ
ク様式のもので、観光客
の憩いの場になっていま
す。ギリシア神話ではケ
ンタウルスは男性ですが、
タオルミーナの像は上半身
は女性、下半身は馬という姿
になっています。

地球
王の杖
街のシンボル
女ケンタウルス

ウンベルト通り

カルタジローネ
Caltagirone

🚃 カターニアから FS 約2時間
🚌 カターニアからInterbus社 80分

良質の粘土が採れることから、アラブ人がこの地に陶器製造の拠点をつくり、15世紀にスペインのマヨルカ焼の影響を受けて、青・緑・黄色をベースにした特徴的な陶器生産をする街として有名になりました。シチリア島南東部にあるヴァル・ディ・ノートの後期バロック様式の街々の一つとして2002年世界遺産となりました。見どころは、何と言ってもサンタ マリア デル モンテ（Scala）の大階段です。市庁舎広場から同名の教会に向かって142段の階段が有り、蹴上がりには一段ごとに違う模様のマヨルカ焼のタイルが貼られているので、ゆっくり登りながら描かれている動植物や模様などを楽しむことができます。登りきった所からカルタジローネの街並みを眺めた後、マヨルカ焼のお店を覗きながら降りると良いでしょう。

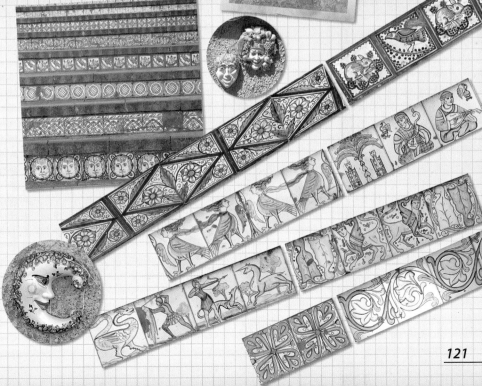

陶器の猫も愛嬌がある。

階段の途中に
陶器の店が
並んでいる。
3本の足は.
シチリアの
シンボルマーク。

Siracusa シラクーサ

紀元前8世紀、ギリシア人はオルティージャという小さな島に「シュラクサイ」と呼ばれる植民都市をつくり、その後本土側にも公共建築や住宅地を広げました。シラクーサには、非常に多くの古代の遺跡や歴史的建造物が残っており、2005年に世界遺産に登録されています。本土側に多くある古代遺跡地区は、オルティージャ島よりも1.5km離れているため、見学には移動が少し大変です。

1693年の大地震により大きな被害を受けましたが、バロック様式で街が再建されました。

アレトゥーザの泉（Fonte Aretusa）は、シラクーサに伝わる神話にでてくる舞台とされており、海のそばに真水が湧き出すパピルスが茂る名所として、ローマ時代の詩人ヴィルギリウスや歴史家ストラボンも著作で触れているため古代から知られていました。

海

パピルス

パピルスの茂るアレトゥーザの泉

ギリシア劇場

ネアポリス考古学公園

涙の聖母の聖所記念堂

アレトゥーザの泉

オルティージャ島

マニアーチェ城

紀元前5世紀にギリシア劇場がシラクーサ本土の緩やかな斜面の岩を削ってつくられました。

3月末から4月初めに行われていた春の祭典（原自然の神ディオニュソスを讃える祭礼）では、通常7日間、朝から一日4本のギリシア悲劇・喜劇・サテュロス劇が上演されていました。現代もこの劇場を利用して毎年古代劇が行われています。

客席の一番高いところから、劇を通じて人間の内面や神と向きあうことに熱狂した当時の人々の様子を想像してみたくなります。

高さ
36m

カラヴァッジョが
命名したといわれる
「ディオニジオの耳」

> **ギリシア劇場・ディオニジオの耳**
> **Web** comune.siracusa.it/index.php/it/itinerari-turistici-a-siracusa/297-itinerario-archeologico/teatro-greco
> 🏠 Via del Teatro Greco
> **OPEN** 月〜土　8:30〜日没
> 　　　　日祝日　8:30〜13:40
> 　　　　（最終入場は日没1時間30分前まで）
> 💶 €10

本土側にある古代遺跡の中で最も有名なのが、このディオニジオの耳と呼ばれる人工の洞窟で、牢獄として利用されていたと言われています。音響効果が抜群によいため、この町を支配していたギリシア人の僭主ディオニジオが彼の疑い深い性格から、牢獄の中の囚人の話を盗み聞きしていたという伝説が残っています。

Piazza Armerina
ピアッツァ　アルメリーナ

床モザイクを守るために、屋根や見学用通路が設置されている。

大狩猟の廊下

ピアッツァ・アルメリーナの街から南西に6km、紀元3〜4世紀に建設された広大な別荘ヴィッラ ロマーナ デル カザーレはほとんどの床が素晴らしいモザイクで装飾されています。モザイク画は小さく四角く刻（きざ）んだ様々な色の大理石をはめ込んで描かれたもので、3,000㎡を超える床を埋め尽くすように描かれた題材は、神話から狩猟、日常生活の場面など多岐（たき）に渡っています。

かわいいキューピッドが漁をしたりイルカと戯れる場面や大掛かりな狩りの場面、さらにビキニ女性が鉄アレイ運動やボール遊びをしている場面が特に有名な見どころです。描かれた題材の文化レベルの高さと豪華な床を持つ生活の豊さに驚かされます。

 Villa Romana del Casale
Web villaromanadelcasale.it
🏠 Via Genrale Muscara 47/a
OPEN 4〜10月 9:00〜23:30
　　　11〜3月 9:00〜17:00　　€10
　　　（入場は1時間前まで）

🚌 パレルモからSAIS社　　　2時間12分
　　カターニアからInterbus社　1時間40分
　　ピアッツァ・アルメリーナからB番

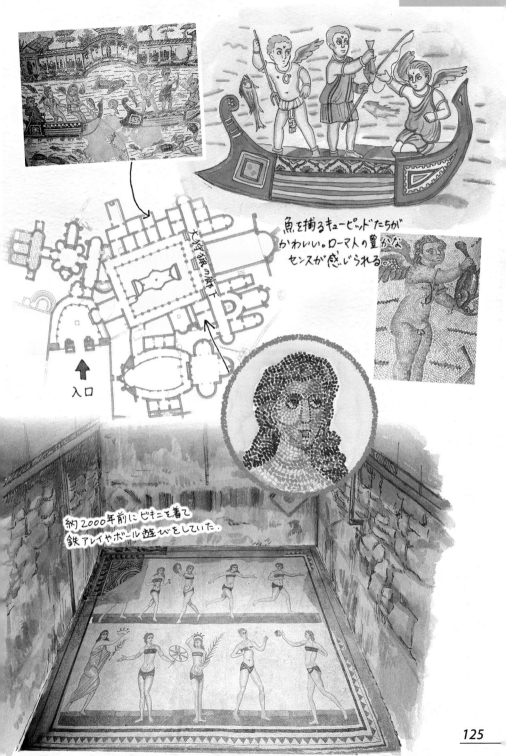

魚を捕るキューピッドたちが
かわいい。ローマ人の豊かな
センスが感じられる。

大狩猟の廊下

入口

約2000年前にビキニを着て
鉄アレイやボール遊びをしていた。

125

Fermata

Cibo di Sicilia
シチリアの食べ物

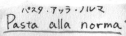
パスタ・アッラ・ノルマ
Pasta alla norma

シチリア特産の丸いナスは、
甘みがあり美味。

イワシのオーブン焼き

家庭でもよく出る
イワシのオーブン焼き。

スパゲッティ・アイ・リッチ・ディ・マーレ
Spaghetti ai ricci di mare

ふんだんにウニを使ったパスタは、
白ワインがよく合う。

地中海の多様な文化を融合させたシチリア料理は、アラブ料理と共通する食材も多く、風土や歴史を感じる奥の深いものばかりです。

南イタリアの中でもシチリアは、マグロ、イワシ、ボッタルガ（からすみ）、ウニなどをよく食する島で、日本人には嬉しいメニューが豊富です。

シチリア産のオリーブオイルやオリーブの実、ワインやトマトも、シチリア料理をさらに風味豊かにしています。

マグロ
と
マグロのボッタルガがパスタ

シチリアには、フレッシュなマグロの
からすみを使ったパスタが豊富！
その他、ボンゴレとからすみだけの
パスタなども。

スパゲッティ・コン・レ・サルデ
Spaghetti con le sarde

いわしを松の実やレーズンで和えた
パスタも、日本人の口に合う美味しさ。
魚臭さを感じないのは、ウイキョウの葉の
香りやカラリと煎ったパン粉が決め手。

クスクス

クスクスとは
硬質の小麦粉(デュラム小麦)と
水を練って、1mm程の粒にした
主食のこと。

アランチーニ
Arancini

ご飯にトマトで煮たひき肉と
グリーンピースや カチョカヴァッロチーズの
入った、おにぎりコロッケのようなもの。
ナポリでも食べるが、シチリアの
アランチーニは 大きく、中味のソースが効かいて美味。

アフリカに近いトラパニ周辺では、
クスクス料理が名物。
辛めに煮込んだ魚のスープ
をクスクスにかけて。
料理にも残るイスラム文化を
食から実感。

(うちわサボテンの実) インドのいちじく
といわれる.

フィッキ・ディ・インディア
Fichi di india

飲み込むには大きすぎて、
取り出すには小さい微妙な大きさの
タネがびっしり。
ゆるい甘さがやみつきに。

シチリアの ドルチェ

マルトラーナの果物
Frutta di Martorana

まるで本当の果物がミニチュアに
なって並んでいるようなお菓子屋さん
のショーウィンドー。アーモンドの粉
と砂糖を練って果物や野菜の形を作り、
色付けしてオーブンで焼いたお菓子で
す。マルトラーナ修道院の僧達が復
活祭で大司教を驚かすのに作ったため、

復活祭の時期には神の仔羊をかた
どった物を食べる習慣が有ります。女
性は婚約者にハート形の物を送るとか。
　中東で生まれ、一般的にはマジパ
ン、マルチパンと呼ばれています。

カンノーロ

パリパリの皮

甘く味付けした
リコッタチーズに
果物の砂糖漬け
が乗っている

リコッタチーズにチョコ
レートやピスタチオを混
ぜたクリームが、筒状に
揚げた生地の中にぎっし
り。ヴァラエティとして、ピスタチ
オの緑色のクリームや、アーモンド
やピスタチオを混ぜたものなど。

カンノーロ
cannolo
シチリアのお菓子の中で最も有名
小さな筒や茎という意味から
名付けられた

あとがき

　イタリアの紀行文を書いたゲーテ、スタンダール、アンデルセンの3文豪のように、イタリアの魅力に取り付かれて、何度も訪れるようになってしまいました。ナポリ在住の中橋さんの協力を得て、前作に引き続き、今回は南イタリアならではの風景の美しさや特徴のある街の面白さをイラストで伝えられたら幸いです。(青木)

　ストレスを避けて暮らすコツをイタリア人から日々習得しながら、気がついたらナポリ暮らしも長くなってしまいました。この本にご紹介した以外にも、たくさんの名所やスポットがあります。この本を片手に南イタリアのスローシティ、スローライフをじっくり堪能していただければ嬉しいかぎりです。(中橋)

＜著者紹介＞
●青木　タミオ：Tamio Aoki（著）
金沢美術工芸大学油画卒。シエナ大学短期語学留学。美術系進学者のための美術研究所代表。美術大学生、デザイナー、アーティストのためのイタリアを主に美術ツアーを多数主催。
●中橋　恵：Megumi Nakahashi（著）
1998～2000年にイタリア政府奨学生、ロータリー財団奨学生として建築の勉強のため留学。ナポリ在住。日伊間コーディネーター。街歩き、カメラ、美術館・遺跡めぐりが好き。
●ツジイ　ユキエ：Yukie Tsujii（画）
金沢美術工芸大学日本画卒。金沢市在住。飲んだり、絵を描いたりするのが好き。

構成・デザイン　青木民夫　鶴来裕子　表紙デザイン・地図　竹内陽美　イラスト協力　山岡理恵　高松美咲　青木享子
※本書は2019年12月時点の情報を元に執筆を行っています。掲載情報と現地とのずれによるトラブル等について、当方では一切責任を負いませんので、予めご了承くださいますようお願い申し上げます。

南イタリア イラストガイドブック　改訂版
地中海の光に輝く 世界遺産の街をめぐる旅

2020年3月30日　第1版・第1刷発行

著　者　　青木 タミオ（あおき たみお）・中橋 恵（なかはし めぐみ）
画　　　　ツジイ ユキエ ほか
発行者　　株式会社メイツユニバーサルコンテンツ
　　　　　（旧社名：メイツ出版株式会社）
　　　　　代表者　三渡 治
　　　　　〒102-0093 東京都千代田区平河町一丁目1-8
　　　　　TEL：03-5276-3050(編集・営業)
　　　　　　　　 03-5276-3052(注文専用)
　　　　　FAX：03-5276-3105
印　刷　　株式会社厚徳社

◎『メイツ出版』は当社の商標です。

ご意見・ご感想はホームページから承っております。
ウェブサイト https://www.mates-publishing.co.jp/
編集長：折居かおる　副編集長：堀明研斗　企画担当：大羽孝志／清岡香奈

※本書は2016年発行の『地中海の光に輝く 南イタリア イラストガイドブック 世界遺産の街をめぐる旅』を元に加筆・修正を行っています。